ORDONNANCE

DU 2 NOVEMBRE 1833

SUR LE

SERVICE INTÉRIEUR

DES TROUPES D'INFANTERIE

— 1854 —

DE SOYE ET BOUCHET, IMPRIMEURS, 2, PLACE DU PANTHÉON

— PARIS —

ORDONNANCE

DU 2 NOVEMBRE 1833

SUR LE

SERVICE INTÉRIEUR

DES TROUPES D'INFANTERIE

MISE EN RAPPORT
AVEC LES MODIFICATIONS SURVENUES
DEPUIS SA PUBLICATION

PAR GONVOT

Ancien commis de l'Intendance militaire

INFANTERIE

PARIS

LIBRAIRIE MILITAIRE DE HANNEQUIN FILS

ÉDITEUR, 26 AVENUE LAMOTHE-PIQUET

PRÈS L'ÉCOLE-MILITAIRE

UN MOT

La loi du 19 mai 1834 sur l'état des officiers, l'ordonnance du 21 mai 1836 sur les conseils d'enquête, l'ordonnance du 10 mai 1844 sur la comptabilité intérieure des corps de troupes, le décret du 28 janvier 1852 portant nouvelle organisation du corps des vétérinaires militaires, le décret du 23 mars suivant sur l'organisation du corps de santé de l'armée de terre, l'arrêté du 14 janvier 1853 sur la cassation et la suspension des sous-officiers, ainsi que plusieurs décisions ministérielles, ont tellement modifié les ordonnances du 2 novembre 1833 sur le service intérieur des corps de troupes, qu'il était devenu dangereux de les mettre sous les yeux des militaires dans leur état primitif, comme on l'a fait jusqu'ici.

Pour éviter aux autres le travail des recherches auxquelles je me suis livré, j'ai pensé qu'une annotation exacte de ces ordonnances serait d'autant plus favorablement accueillie par l'armée, que ce travail a pour résultat de lui présenter un ensemble exact de la législation sur la matière; car c'est avec la plus sérieuse attention que, dans mon annotation, j'ai fait disparaître toutes les dispositions abrogées, et intercallé toutes celles que le temps et l'expérience ont ajouté aux dispositions premières.

Tous les articles nouveaux, ainsi que ceux modifiés, sont guillemetés, afin de les distinguer du texte primitif.

Aucune addition ou suppression n'a été faite sans indiquer la source officielle où elle a été puisée, d'où il suit que la réimpression que nous offrons aujourd'hui à l'armée est un travail essentiellement officiel et complet.

GONVOT.

Paris, le 17 février 1854.

ORDONNANCE

SUR LE

SERVICE INTÉRIEUR

DES

TROUPES D'INFANTERIE

LOUIS-PHILIPPE, Roi des Français,

A tous présents et à venir, SALUT.

Vu l'ordonnance du 13 mai 1818 sur le service intérieur ;

Considérant les changements apportés depuis cette ordonnance dans l'organisation, le service, l'instruction, la tenue et l'administration intérieure des régiments,

Voulant d'ailleurs établir des principes qui concilient de plus en plus les intérêts du service, la dignité des officiers, la considération due aux sous-officiers et le bien-être du soldat ;

Sur le rapport de notre président du conseil,

Ministre secrétaire d'État au département de la guerre,

Nous avons ordonné et ordonnons ce qui suit :

PRINCIPES GÉNÉRAUX

DE LA SUBORDINATION

La discipline faisant la force principale des armées, il importe que tout supérieur obtienne de ses subordonnés une obéissance entière et une soumission de tous les instants ; que les ordres soient exécutés littéralement, sans hésitation ni murmure : l'autorité qui les donne en est responsable, et la réclamation n'est permise à l'inférieur que lorsqu'il a obéi.

Si l'intérêt du service veut que la discipline soit ferme, il veut en même temps qu'elle soit paternelle ; toute rigueur qui n'est pas de nécessité, toute punition qui n'est pas déterminée par le règlement, ou que ferait prononcer un sentiment autre que celui du devoir ; tout acte, tout geste, tout propos outrageant d'un supérieur envers son subordonné, sont sévèrement interdits. Les membres de la hiérarchie militaire, à quelque degré qu'ils y soient placés, doivent traiter leurs inférieurs avec bonté, être pour eux des guides bienveillants, leur porter tout l'intérêt, et avoir en-

vers eux tous les égards dus à des hommes dont
la valeur et le dévouement procurent leurs succès
et préparent leur gloire.

La subordination doit avoir lieu rigoureusement de grade à grade; l'exacte observation des
règles qui la garantissent, en écartant l'arbitraire,
doit maintenir chacun dans ses droits comme dans
ses devoirs.

Le soldat doit obéir au caporal, le caporal au
fourrier et au sergent, le fourrier et le sergent au
sergent-major, le sergent-major à l'adjudant, l'adjudant au sous-lieutenant, le sous-lieutenant au
lieutenant, le lieutenant à l'adjudant-major et au
capitaine, l'adjudant-major et le capitaine au
major et au chef de bataillon, le major et le chef
de bataillon au lieutenant-colonel, le lieutenant-
colonel au colonel, le colonel au maréchal de
camp, le maréchal de camp au lieutenant général,
le lieutenant général au lieutenant général commandant en chef et au maréchal de France.

« Les officiers de santé attachés à un régiment
« sont subordonnés au colonel et au lieutenant-
« colonel ou à l'officier qui les remplace intéri-
« mairement.

« Les officiers de santé attachés à un bataillon
« formant corps sont subordonnés au chef du
« corps ou à l'officier qui le remplace intérimai-
« rement.

« L'officier de santé chargé du service sanitaire
« près d'une partie de corps détachée, est subor-
« donné à l'officier qui commande le détache-
« ment.

« L'officier de santé qui fait un service de se-
« maine, est subordonné à l'officier supérieur de
« semaine.

« Les médecins employés dans un même corps
« de troupe ou dans un même hôpital, sont sou-
« mis au principe de la subordination du grade
« inférieur au grade supérieur.

« Tous les officiers de santé sont soumis à
« l'autorité des officiers généraux. » (*Décret du
23 mars 1852.*)

Indépendamment de cette subordination au
grade, la discipline exige, à grade égal, la subordination à l'ancienneté, en tout ce qui concerne
le service général et l'ordre public. Ainsi plusieurs militaires du même grade, de service ensemble, qu'ils soient ou non du même corps et de
même arme, doivent obéissance au plus ancien
d'entre eux, comme s'il leur était supérieur en
grade.

Même hors du service, les supérieurs ont droit
à la déférence et au respect de leurs subordonnés.

Le Roi charge particulièrement les officiers généraux de s'assurer, par une surveillance ferme
et constante, de la stricte exécution de ces dispo-

sitions dans les corps sous leurs ordres, et, tout en maintenant l'émulation entre les différents corps et les différentes armes, d'apporter l'attention là plus scrupuleuse à ce que rien n'altère la bonne harmonie et la mutuelle confiance qui leur sont indispensables.

TITRE Ier

FONCTIONS INHÉRENTES A CHAQUE GRADE

CHAPITRE Ier

COLONEL

Attributions générales.

ART. 1er. Les devoirs et l'autorité du colonel s'étendent à toutes les parties du service ; il est responsable de la police, de la discipline, de la tenue et de l'instruction du régiment dont le commandement lui est confié ; il en dirige l'administration, assisté du conseil d'administration. Sans se livrer à tous les détails, il doit en embrasser l'ensemble ; il veille à ce que les différents grades exercent réellement la part d'autorité qui leur est attribuée, afin que chacun obtienne l'influence et la considération qui lui sont indispensables, et trouve dans l'accomplissement de ses obligations et dans la jouissance de ses droits, un moyen perpétuel d'instruction et d'émulation. L'autorité du colonel doit se faire sentir bien plus par une impulsion régulatrice que par une action immédiate : elle doit être le recours et l'appui de tous. Le colonel exécute et fait exécuter tout ce qui est prescrit par les ordonnances et règlements, ou ordonné par les officiers généraux sous le commandement desquels le régiment est placé. Il lui est interdit d'y apporter des changements, si ce n'est dans des cas extraordinaires et d'après l'autorisation du maréchal de camp, auquel il soumet ses motifs. Dans tous les cas, ces changements doivent cesser avec les circonstances qui les ont nécessités. Le maréchal de camp est tenu d'en rendre compte au lieutenant général, et celui-ci au ministre, s'il y a lieu.

Devoirs à l'égard des généraux.

2. Quand le régiment fait partie d'une brigade, le colonel doit au maréchal de camp qui la commande, les 1er, 8, 16 et 24 de chaque mois, et plus souvent, si le général le prescrit, une situation numérique du régiment, suivie d'un rapport sur les mutations, le service et la discipline. Le rap-

port au 1ᵉʳ du mois rend compte, en outre, de l'état de l'instruction et de l'administration. Le colonel ne doit au maréchal de camp commandant la subdivision qu'une situation numérique qu'il lui adresse les 1ᵉʳ, 8, 16 et 24 de chaque mois.

Quand le régiment n'est pas embrigadé, le colonel fait, au maréchal de camp commandant la subdivision, les rapports prescrits pour le maréchal de camp commandant la brigade.

Ces situations et rapports sont conformes aux modèles A.

Devoirs à l'égard des commandants de place.

3. Dans une place de guerre ou dans une ville où il y a un état-major de place, le colonel reçoit, en ce qui concerne le service de la place, les ordres du commandant de la place. Il lui doit les rapports prescrits par l'ordonnance sur le service dans les places, et tous ceux que le commandant peut demander extraordinairement.

Le commandant de la place fixe le nombre et la force des postes, des patrouilles et des piquets ; il donne les consignes, et prend, secondé par les officiers de l'état-major de la place, le commandement de toutes les troupes de service.

Le colonel lui demande, une fois pour toutes, l'autorisation de faire les exercices de détail dans l'intérieur de la place ; mais il ne peut pas faire

prendre les armes au régiment entier ou à un bataillon hors de son quartier, ni faire sortir de la
place une fraction du corps, pour quelque cause
que ce soit, sans l'en avoir prévenu, soit par le
rapport du jour, soit la veille, si l'exercice ou la
sortie de la place doit avoir lieu avant l'heure du
rapport. Le commandant de la place ne peut s'y
opposer que pour des motifs graves, dont il rend
compte sur-le-champ au général sous les ordres
duquel il se trouve.

Le colonel ne peut découcher de la garnison
sans l'agrément du commandant de la place : il est
tenu de l'informer de son départ, lors même qu'il
a obtenu une permission ou un congé.

Nominations faites par le colonel, demandes soumises aux généraux.

4. Le colonel nomme aux grades de caporal et
de sous-officier, conformément aux lois et ordonnances, et prononce l'admission des sous-officiers, caporaux et soldats dans les compagnies
d'élite. [1]

Il fait passer un sous-officier, caporal ou soldat,

---

[1] Hors le temps des inspections générales, les lieutenants généraux commandant les divisions territoriales
ou actives, sont autorisés à désigner les officiers qui
doivent passer dans les compagnies d'élite.
(*Note ministérielle du 11 fév. 1834.*)

d'une compagnie et même d'un bataillon dans un autre, lorsque le bien du service le fait juger nécessaire ; il prend à cet égard l'avis du capitaine de la compagnie dont le militaire fait partie, et celui du chef de bataillon.

Il rend compte au maréchal de camp des vacances qui surviennent parmi les officiers, et lui adresse, lorsqu'il y a lieu, les mémoires de proposition pour leur remplacement ; il lui adresse aussi les propositions aux emplois d'officiers dans les compagnies d'élite. Le maréchal de camp transmet ces propositions au lieutenant général.

Lorsque le colonel est absent, le lieutenant-colonel prend ses ordres pour les nominations aux grades de caporal et de sous-officier, pour le remplacement des officiers des compagnies d'élite, et pour les désignations aux emplois vacants d'officiers à l'égard desquels il y a lieu de faire des mémoires de proposition ; il prononce l'admission des fusiliers dans les compagnies d'élite, et le passage d'une compagnie dans une autre.

Les autres demandes qui doivent être soumises aux généraux, en faveur des officiers, sous-officiers et soldats, sont faites par le colonel, lorsqu'il est présent, et, en son absence, par l'officier supérieur commandant le régiment, qui en rend compte au colonel.

En campagne et hors du royaume, toutes ces

nominations, propositions et demandes sont faites par l'officier supérieur qui commande le régiment. Dans un bataillon détaché hors de l'arrondissement de l'armée dont le régiment fait partie, le commandant de ce bataillon nomme aux grades de caporal et de sous-officier, prononce l'admission dans les compagnies d'élite et le passage d'une compagnie dans une autre, et soumet au maréchal de camp sous les ordres duquel il est placé les demandes de congé ou de permission. Au dépôt, l'officier commandant a les mêmes droits à l'égard des fractions du régiment qui s'y trouvent. Ces officiers rendent compte au colonel.

En tout temps, lorsque le colonel est avec une partie du régiment hors de France, les nominations de sous-officiers et caporaux, ainsi que les nominations de sous-officiers, caporaux et soldats dans les compagnies d'élite, sont faites, dans la partie du régiment restée en France, par le lieutenant-colonel; s'il ne la commande pas, elles sont faites directement, mais avec l'approbation du maréchal de camp, par le commandant du dépôt et par les commandants des bataillons restés dans l'intérieur : il en est rendu compte au colonel.

Tableau du service journalier.

5. Le colonel établit un tableau du service

journalier (modèle B); ce tableau est transcrit sur les registres d'ordre ; une copie en est affichée dans la salle du rapport, et une autre au corps-de-garde.

Ce tableau, qui doit offrir une sage répartition de travail et de repos, est renouvelé aux époques où des modifications dans les heures de l'instruction deviennent nécessaires, par suite des changements de saison ou de circonstances particulières : il est établi dans un bataillon détaché, par le commandant du bataillon, et soumis à l'approbation du colonel [1].

Inspections et parades.

6. Le colonel passe le dimanche l'inspection du régiment, en totalité ou en partie.

Dans les villes où il n'y a pas d'état-major de place, il réunit le corps d'officiers au moins une fois par semaine, à la garde montante.

A la parade ou à la garde montante, les officiers se placent en avant du peloton des sous-officiers, faisant face à la troupe, et dans l'ordre suivant :

Les officiers de chaque compagnie, sur trois rangs et par ordre de compagnie ; l'adjudant major de chaque bataillon à la droite du capitaine des grenadiers ;

---

[1] Voir la note de l'art. 195.

Les officiers d'état-major à la droite de ceux du premier bataillon et sur le même alignement ; au premier rang, le trésorier, l'officier d'habillement, le chirurgien-major, le premier chirurgien aide-major ; au second rang, l'adjoint au trésorier, le porte-drapeau, le second et le troisième chirurgien aide-major. Dans les bataillons détachés, le chirurgien se place derrière l'adjudant-major ;

Les chefs de bataillon à deux pas en avant des officiers de leur bataillon ;

Le major à deux pas en avant des officiers de l'état-major ;

Le colonel au centre, à quatre pas en avant des chefs de bataillon ; le lieutenant-colonel à sa hauteur, du côté opposé à celui par lequel arrive la troupe en défilant.

Toutes les fois que le corps d'officiers s'assemble, la réunion a lieu dans l'ordre ci-dessus.

Ordres donnés par l'intermédiaire du lieutenant-colonel et du major.

7. Le colonel fait, autant que possible, passer sous ses ordres pour le service et la discipline par le lieutenant-colonel, et pour l'administration par le major. Lorsqu'il donne des ordres directement aux adjudants-majors ou aux officiers comptables, ceux-ci en informent le lieutenant-colonel ou le major.

Droits et obligations du colonel en matière d'administration.

8. Quoique président du conseil d'administration, le colonel doit s'abstenir de donner, de son autorité privée, des ordres en matière d'administration, les membres du conseil étant également responsables.

Lorsqu'il a suspendu l'effet d'une délibération qui lui paraît contraire aux ordonnances ou aux intérêts du régiment, il en réfère au sous-intendant militaire, qui en informe le maréchal de camp, lorsque la tenue générale, le service et la discipline peuvent y être intéressés.

Il se fait rendre compte fréquemment, par le major, des détails de l'administration, afin de s'assurer si les intérêts de l'État et du soldat sont l'objet d'une surveillance constante et éclairée.

Il passe, chaque année, deux revues générales de l'habillement, du grand et du petit équipement, de l'armement, des ateliers et des magasins; l'une de ces revues doit précéder l'inspection générale.

Congé.

9. Le colonel et le lieutenant-colonel ne peuvent pas être simultanément en congé.

CHAPITRE II

LIEUTENANT - COLONEL

Attributions générales.

10. Le lieutenant-colonel est l'intermédiaire habituel du colonel dans toutes les parties du service, sans qu'il soit dérogé à ce qui est prescrit à l'article 7, en matière d'administration. Il remplace le colonel absent. Il transmet tous ses ordres pour ce qui concerne le service, la discipline, la tenue et l'instruction ; il veille à leur stricte exécution. Lorsqu'il rédige lui-même les ordres, il exprime que ce sont ceux du colonel, afin qu'il n'y ait dans le service qu'une seule impulsion.

Rapport au colonel absent.

11. Lorsque le colonel est absent, le lieutenant-colonel lui adresse, toutes les semaines, sur le service et la discipline du régiment, un rapport général, qui est le sommaire des rapports journaliers. Il lui rend en même temps un compte succinct des ordres reçus, et des dispositions prises en conséquence. Il reçoit, comme président du conseil, les rapports du major sur l'administration ; il en envoie l'analyse au colonel. Ces rapports de semaine ne dispensent pas le lieutenant-

colonel d'écrire extraordinairement au colonel sur tout objet urgent.

Il fait exécuter les ordres que le colonel a laissés et ceux qu'il lui adresse pendant son absence; si un motif puissant s'y oppose, il en réfère au maréchal de camp ou au sous-intendant militaire, selon le cas. Il en rend compte au colonel.

Registres tenus par le lieutenant-colonel, et surveillance des maréchaux de camp à cet égard.

12. Le lieutenant-colonel tient le registre d'ordres du régiment. Il exige que, dans chaque bataillon, le registre d'ordres de l'état-major et ceux des compagnies soient tenus avec régularité, qu'ils soient exactement communiqués aux officiers, et signés par eux, et que chaque officier prenne connaissance de tout ce qui y a été inscrit depuis son absence. Chaque ordre a en marge un sommaire qui sert à former la table analytique, et un numéro d'ordre dont la série se renouvelle tous les ans au 1er janvier.

Les registres d'ordres des bataillons et des compagnies sont établis pour une année, et sont conservés jusqu'à la fin de l'année suivante; ils sont alors brûlés en présence du lieutenant-colonel, après qu'il a fait transcrire en tête des nouveaux registres les ordres généraux qu'il peut être utile de conserver. Le registre d'ordres tenu par le lieutenant-colonel est conservé aux archives du régiment.

Le lieutenant-colonel tient, en outre :

1° Le registre du personnel des officiers (modèle C), sur lequel il inscrit à mesure toutes les punitions qui leur sont infligées, et, au moins deux fois par an, des notes sur leur conduite militaire et privée. Le lieutenant-colonel, lorsqu'il s'absente, remet ce registre au colonel : s'il arrivait que le colonel et le lieutenant-colonel fussent absents en même temps, le registre serait cacheté et déposé aux archives du corps jusqu'à la rentrée de l'un de ces deux officiers supérieurs. L'officier commandant le régiment tiendrait alors une note exacte des punitions qui seraient infligées pendant leur absence aux officiers.

2° Le double du tableau d'avancement, arrêté à l'inspection générale, des sujets propres au grade de caporal et de sous-officier, et un autre tableau des sujets désignés par les capitaines, les chefs de bataillon et le major, comme susceptibles d'être portés au prochain tableau d'avancement ; ces militaires sont l'objet de la surveillance particulière du lieutenant-colonel.

3° Le journal des marches et des opérations militaires, sur lequel il inscrit toutes les actions qui peuvent honorer le régiment ou les individus.

Rassemblement du régiment.

13. Lorsque le régiment prend les armes, le lieutenant-colonel se rend au quartier pour le rassembler; il le conduit sur le terrain et le ramène au quartier.

Lorsque le lieutenant-colonel est absent, le plus ancien chef de bataillon réunit le régiment et le ramène au quartier.

Officiers malades.

14. Les officiers qui ne peuvent faire leur service, pour cause d'indisposition, sont tenus de garder la chambre pendant au moins vingt-quatre heures; les lieutenants et les sous-lieutenants en informent sur-le-champ leur capitaine; les capitaines et les adjudants-majors, le chef de leur bataillon; les officiers comptables, le major. Les officiers supérieurs, le porte-drapeau et les chirurgiens, préviennent le lieutenant-colonel. Les officiers de semaine doivent encore prévenir leurs supérieurs immédiats dans le service de semaine. Tout officier de semaine malade est remplacé dans le service. Il est toujours fait rapport au lieutenant-colonel des officiers qui ne peuvent pas faire leur service; le lieutenant-colonel charge un des chirurgiens de les voir et de lui rendre compte de leur état; il en informe le colonel au rapport journalier, et plus tôt s'il y a lieu.

Détails de police de la place.

15. Lorsque le régiment est seul dans une garnison où il n'y a pas de commandant de place, le général ou, à son défaut, le colonel charge le lieutenant-colonel de remplir sous ses ordres les fonctions de commandant. Si le lieutenant-colonel commande le régiment, ces fonctions sont données au plus ancien chef de bataillon. Dans aucun cas, le major ne peut en être chargé.

Quand il y a plusieurs régiments, le plus ancien lieutenant-colonel, quelle que soit son arme, est chargé de ce service. Si ce lieutenant-colonel se trouve commander le régiment, la police de la place est donnée au plus ancien des autres lieutenants-colonels.

Cas d'absence.

16. Lorsque le lieutenant-colonel est absent ou malade, il est remplacé dans les détails du service journalier par le chef de bataillon de semaine. Les officiers supérieurs soumettent alors directement au colonel les demandes et les rapports qui, ordinairement, doivent lui parvenir par l'intermédiaire du lieutenant-colonel.

Cas de partage du régiment.

17. Lorsque le régiment est divisé, le lieutenant-colonel peut, avec l'approbation du maréchal de

camp, être placé à la tête de la partie où n'est pas le colonel, si l'intérêt du service l'exige.

CHAPITRE III

CHEFS DE BATAILLON

Surveillance générale.

18. Les chefs de bataillon sont responsables envers le colonel de l'instruction théorique et pratique des officiers, sous-officiers et soldats de leur bataillon, ils surveillent, dans leur bataillon, la discipline, le service, la tenue, l'entretien des effets de toute nature, les chambres et les ordinaires.

Ordinaires.

19. Ils s'assurent fréquemment si les livrets d'ordinaire sont tenus avec soin; si tous les articles de recettes et de dépenses y sont inscrits; si les retenues faites aux travailleurs, aux garnisaires, ou provenant de punitions, y sont versées régulièrement; si la nourriture est saine; si les centimes de poche sont payés exactement; enfin, si les capitaines apportent à la surveillance de cette partie importante du service toute la sollicitude qu'elle réclame.

Ils s'assurent en outre que les capitaines provoquent de tout leur pouvoir la concurrence entre les bouchers, boulangers et autres fournisseurs, afin d'obtenir les denrées de la meilleure qualité et au plus bas prix possible ; que ces officiers empêchent, par de fréquentes investigations, qu'aucune remise, qu'aucun arrangement illicite n'ait lieu entre ces fournisseurs et les chefs d'ordinaire ; qu'ils les fassent cesser lorsqu'ils en découvrent ; qu'ils exigent alors que le fournisseur soit changé ; qu'ils punissent sévèrement le chef d'ordinaire, et demandent toujours la suspension, et, au besoin, la cassation du caporal coupable ; et qu'enfin ils donnent connaissance aux fournisseurs de ces dispositions, ainsi que de l'obligation imposée aux chefs d'ordinaire de payer comptant.

Masses individuelles; revues.

20. Les chefs de bataillon passent chaque trimestre une revue de détail des compagnies sous leurs ordres, pour constater l'état des effets de toute nature, les réparations à faire, la situation des masses individuelles, les remplacements à effectuer au compte des hommes et l'exactitude des comptes courants ; ils adressent au lieutenant-colonel un rapport de cette revue ; ils indiquent la quantité d'effets nécessaires dans chaque compagnie pour mettre les sacs au complet.

Ils remplacent le major lorsqu'il est absent, ou que leur bataillon est détaché, dans la surveillance à exercer sur la tenue des livres de compagnie.

Ils peuvent en tout temps passer dans leur bataillon toutes les revues qu'ils jugent utiles pour s'assurer que l'habillement, le grand et le petit équipement et l'armement sont en bon état, que les sous-officiers et soldats sont pourvus de tous les effets prescrits par les règlements, et qu'ils sont constamment prêts à marcher. Ils préviennent de ces revues le lieutenant-colonel, et lui rendent compte de leur résultat; le lieutenant-colonel en informe le colonel.

Au moyen des rapports journaliers que l'adjudant est chargé de leur remettre (article 195), ils vérifient fréquemment si les punitions sont portées avec exactitude sur les registres de punitions des compagnies; ils confrontent ces registres avec les livrets d'ordinaire; ils surveillent aussi la tenue des livres d'ordres.

Cas d'absence.

21. En cas d'absence, un chef de bataillon est remplacé, pour le commandement et le service de son bataillon, par le plus ancien capitaine de ce bataillon, y compris l'adjudant-major. Dans les manœuvres, il est remplacé par le major.

SERVICE DE SEMAINE.

Dispositions générales.

22. Les chefs de bataillon alternent pour le service de la semaine.

Le service de la semaine commence, pour tous les grades, le dimanche après la garde montante, et finit le dimanche suivant.

La direction de ce service appartient au chef de bataillon de semaine; dans un bataillon détaché, le chef de bataillon en a la surveillance constante.

Un capitaine commandant un bataillon concourt avec les chefs de bataillon pour le service de semaine. Il est exempt du service de garde; il concourt pour les rondes avec les autres capitaines de la garnison.

Dès que les bataillons sont sous les armes, les officiers, les sous-officiers et les caporaux de semaine rentrent dans les fonctions habituelles de leur grade.

Garde montante; détachements; piquets.

23. Le chef de bataillon de semaine se trouve à la garde montante; il en passe l'inspection avant que les postes soient fermés; il la fait manœuvrer lorsque le colonel l'a ordonné, et la fait défiler au commandement du capitaine de garde, s'il y en a un plus ancien que l'adjudant-major, et à celui de l'adjudant-major, s'il n'y a pas de capitaine plus ancien que lui.

Il inspecte avant leur départ les détachements commandés par des officiers, lorsqu'ils sont composés d'hommes pris dans toutes les compagnies ; il les inspecte à leur retour, lorsque leur absence a duré plus de vingt-quatre heures. Les détachements fournis en entier par le même bataillon sont inspectés par le chef de ce bataillon.

Le chef de bataillon de semaine inspecte le piquet toutes les fois qu'il le juge nécessaire.

Appels.

24. Il assiste fréquemment aux appels ; après celui du soir, il ordonne des contre-appels, quand il le croit utile.

Visite des chambres.

25. Il visite souvent les chambres, particulièrement aux heures de repas et rend les officiers de section responsables de leur bonne tenue. Il visite également les cuisines, l'infirmerie et les salles de discipline.

CHAPITRE IV

MAJOR

Attributions générales.

26. Le major est membre et rapporteur du conseil d'administration ; il en partage la responsabilité ; il est spécialement chargé de surveiller et de contrôler toutes les parties de l'administration et de la comptabilité ; il exerce à l'égard des capi-

taines, du trésorier et de l'officier d'habillement les droits du conseil; il partage, dans les cas prévus par les règlements d'administration, la responsabilité des officiers comptables.

Les dépêches et décisions sur l'administration lui sont remises par le président du conseil, et le major donne aux officiers comptables les ordres et les instructions nécessaires pour en assurer l'exécution.

Il veille à la rédaction des délibérations, lettres, rapports, états, attestations, pièces de comptabilité, un un mot de tout ce qui doit être signé, soit par le conseil, soit par le président seulement.

Il soumet au président les affaires sur lesquelles le conseil peut avoir à délibérer. Il fait le rapport de toutes celles que le président met en délibération ; il donne les éclaircissements et produit les documents dont le conseil ou chaque membre peut avoir besoin.

Il donne lecture au conseil des dépêches relatives à l'administration, reçues dans l'intervalle des séances; il rend compte des dispositions qu'elles ont nécessitées, ou propose celles qu'elles paraissent devoir exiger.

Il tient les contrôles annuels [1].

---

[1] Décision royale du 8 juillet 1835.

Mutations.

27. Il adresse un état de mutations et mouvements au sous-intendant militaire, tous les jours si celui-ci est dans la place, tous les cinq jours s'il est ailleurs.

Tous les jours il fait présenter au sous-intendant militaire ou à son suppléant, par un fourrier de semaine, les hommes nouvellement admis ou rentrés d'une absence quelconque pendant les vingt-quatre heures. Le fourrier est porteur des pièces justificatives des mutations.

Les officiers présentent eux-mêmes au visa du sous-intendant militaire, immédiatement après leur arrivée, les pièces dont ils sont porteurs [1].

Distributions d'effets et d'armes.

28. Les bons des capitaines pour les effets d'habillement, de grand équipement et d'armement, sont soumis à l'approbation du major; les bons au compte de la masse individuelle sont soumis seulement à son visa.

Subsistances.

29. Le major vise les états d'effectif servant à la perception des subsistances et du chauffage.

---

[1] Décision royale du 8 juillet 1835.

Vérifications relatives à l'administration et à la comptabilité.

« Le major exerce une surveillance permanente
« sur tous les détails d'administration et de comp-
« tabilité, dont les officiers comptables et les com-
« mandants de compagnie sont respectivement
« chargés, et signale au conseil les abus ou irré-
« gularités qu'il reconnaît.

« Il peut exiger, pour ses vérifications, avec
« l'autorisation du conseil, le déplacement des
« registres de comptabilité et pièces à l'appui.

« Il veille à ce que le trésorier touche exacte-
« ment les sommes dont la recette doit être effec-
« tuée sur ses quittances.

« Il s'assure que les dépenses sont payées sans
« délai et rend compte au conseil de tout retard
« non justifié.

« Il vérifie la situation matérielle de la caisse
« du trésorier à chaque remise de fonds.

« Il prononce, sauf révision par le conseil, si
« la partie intéressée y a recours, sur les contes-
« tations relatives à l'imputation du prix de répa-
« ration d'effets ou armes.

« Il transmet, chaque jour, les états des muta-
« tions survenues la veille.

« Il vérifie et constate l'exactitude des registres
« et de toutes les pièces établies par les officiers
« comptables.

« Il est personnellement responsable, sauf son
« recours contre les officiers comptables, des sup-
« putations inexactes ou erreurs de calcul dans
« les pièces de recettes et dépenses ou consom-
« mations, ainsi que des distributions irrégulières
« faites d'après des bons revêtus de son visa. »
(*Ordonnance du 19 mai 1844.*)

Recrutement; état civil; déserteurs.

31. Il est chargé de la correspondance relative
au recrutement, aux poursuites contre les déser-
teurs, et à la recherche des hommes aux hôpitaux
externes, ou absents depuis plus de six mois; il
a la surveillance des actes de l'état civil.

Casernement; écoles.

32. Il dirige l'officier chargé du casernement
dans les dispositions relatives à ce service.

Il dirige aussi les écoles.

Renseignements sur l'administration.

33. Il est tenu de donner au lieutenant-colonel
tous les renseignements que celui-ci lui demande
sur l'administration, lors même que le colonel est
au régiment.

Commandement du régiment; manœuvres; instruction.

34. Le major concourt avec les chefs de bataillon pour le commandement du régiment d'a-

près son ancienneté. Il remplace dans les manœuvres un chef de bataillon absent ; il peut être appelé à la surveillance de l'instruction [1].

Commandement du dépôt.

35. Lorsque le régiment est sur le pied de guerre, le major a le commandement du dépôt. Si un chef de bataillon se trouve au dépôt avec son bataillon, le commandement supérieur appartient au plus ancien de ces deux officiers.

Cas d'absence.

36. Lorsque le major est absent, ou lorsqu'il a le commandement du régiment, il est suppléé, en ce qui n'est pas contraire aux dispositions des articles 20 et 85, par un capitaine ou par un adjudant-major du grade de capitaine, propre aux fonctions de major et désigné d'avance par l'ins-

---

[1] Le capitaine remplissant les fonctions de major concourt avec les autres capitaines, pour le commandement par intérim du bataillon, d'après son ancienneté de grade seulement. Lorsqu'il est absent ou qu'il a le commandement du corps, il est suppléé dans ses fonctions de major par un autre officier désigné d'avance par l'inspecteur général.

Dans tout bataillon *formant corps*, où il se trouve un capitaine major, cet officier exerce toutes les fonctions attribuées au major par les réglements d'administration et autres.

(*Décision ministérielle*, 1er *février* 1834.)

pecteur général sur la proposition du colonel. Il ne peut, dans aucun cas, être remplacé par le trésorier, ni par l'officier d'habillement.

CHAPITRE V

ADJUDANTS-MAJORS

Attributions

37. Les adjudants-majors sont chargés de tous les détails du service, ainsi que de l'instruction théorique et pratique des sous-officiers et caporaux de leur bataillon ; ils restent étrangers à la police intérieure et à l'administration des compagnies.

Police des garnisons.

38. Dans les garnisons où il n'y a pas d'état-major de place, les adjudants-majors, secondés par les adjudants, remplissent, sous la direction du lieutenant-colonel, des fonctions analogues à celles des adjudants de place.

Cas d'absence.

39. Un adjudant-major absent est remplacé par un capitaine ou par un lieutenant choisi par le colonel. L'officier qui remplace l'adjudant-major est exempt de tout autre service ; toutefois le capitaine conserve le commandement de sa compagnie.

SERVICE DE SEMAINE

Devoirs généraux.

40. Les adjudants-majors alternent pour le service de semaine. Lorsque le lieutenant remplit les fonctions d'un adjudant-major absent, il concourt avec eux pour ce service. Dans ce cas, le capitaine de semaine se trouve à la garde montante, afin de passer l'inspection de service, si le chef de bataillon ne la passe pas lui-même.

L'adjudant-major de semaine a pour supérieur immédiat le chef de bataillon de semaine.

Le service, le rassemblement de la garde et des détachements, la réunion des classes d'instruction et de théorie, la surveillance de la garde de police et la sûreté du quartier, de jour et de nuit, concernent l'adjudant-major de semaine directement. Les lieutenants ou sous-lieutenants, l'adjudant, les sous-officiers et les caporaux de semaine sont sous ses ordres pour ces divers objets.

En prenant le service, il reçoit de celui qu'il relève : 1° l'état des officiers, des sous-officiers et des caporaux qui entrent en semaine avec lui, et la note des ordres et consignes dont l'exécution a besoin d'être particulièrement surveillée ; 2° le contrôle pour commander le service des officiers selon les différents tours déterminés par l'ordonnance sur le service des places. Ce contrôle est établi sur un livret coté et paraphé par le lieutenant-colonel : l'adjudant-major y inscrit nominativement tous les tours de service accomplis par les officiers ; il indique en vertu de quel ordre les détachements ont été fournis, ainsi que la date du départ et celle de la rentrée. Le lieutenant-colonel, et dans un bataillon détaché, le chef de bataillon, surveillent la tenue de ce livret.

L'adjudant-major de semaine est tenu de coucher au quartier ; une chambre est disposée à cet effet.

Garde montante et ordre; parade.

41. L'adjudant-major de semaine fait rassembler la garde montante et le piquet, s'il y en a un ; après que le chef de bataillon les a inspectés, il fait former les postes, en réunissant autant que possible les hommes d'une même compagnie dans les mêmes postes ; il veille à ce que dans chaque poste les soldats soient placés par rang de taille. Il prend ensuite les ordres du chef de bataillon pour faire manœuvrer et défiler la garde : en l'absence du chef de bataillon, l'adjudant-major passe l'inspection.

Lorsque la garde a défilé, il fait battre à l'ordre et former le cercle des sous-officiers d'ordre, pour communiquer les ordres qui n'auraient pas été donnés au rapport et commander le service du lendemain, s'il ne l'a pas été à l'appel. Il ne fait rompre le cercle qu'avec l'autorisation du chef de bataillon.

Lorsqu'il y a parade pour la garnison, il conduit la garde du régiment au rendez-vous général.

Lorsqu'un capitaine plus ancien de grade que l'adjudant-major se trouve faire partie de la garde montante, il la fait manœuvrer ou défiler, ou la conduit au rendez-vous général.

L'adjudant-major veille à ce que l'adjudant de semaine dicte aux fourriers les ordres qui doivent être transcrits sur les registres.

Détachements; piquets; classe d'instruction.

42. Il réunit, secondé par l'adjudant de semaine, les détachements qui sont formés d'hommes de différentes compagnies; il passe l'inspection des détachements qui ne sont pas commandés par des officiers, et, en l'abscence du chef de bataillon, de ceux qui sont commandés par des lieutenants ou des sous-lieutenants.

Il a la surveillance du piquet, lorsqu'il n'est pas commandé par un capitaine; il en fait faire fréquemment l'appel.

Il s'assure que les classes d'instruction soient réunies aux heures prescrites.

Inspections des postes du quartier.

43. Il inspecte, aussi souvent qu'il le juge nécessaire, la garde de police, ainsi que les autres
postes qui auraient été placés extraordinairement
au quartier ; il les dirige et les fait surveiller par
l'adjudant dans les détails de leur service.

Toutes les cantines établies dans la caserne sont
sous la surveillance de l'adjudant-major de semaine ; il les fait fermer lorsque la tranquillité du
quartier et le maintien de l'ordre le rendent nécessaire ; dans ce cas, il en rend compte sur-le-
champ au chef de bataillon de semaine.

Détenus et consignés.

44. Il s'assure que les détenus à la salle de police et les consignés soient exercés aux heures
prescrites. Il visite tous les jours les salles de police et les prisons ; lorsqu'il reçoit les réclamations, il y fait droit s'il y a lieu, ou les fait parvenir à l'autorité compétente. Il charge l'adjudant
de veiller à ce que les détenus reçoivent exactement leur nourriture ; si parmi eux il en est qui
troublent l'ordre, il prend à leur égard les mesures nécessaires.

Visites au quartier par des officiers supérieurs.

45. Il accompagne le colonel et le lieutenant-

INFANTERIE.

colonel, quand l'un ou l'autre se trouve au quartier ; il accompagne de même tout officier supérieur qui le demande.

CHAPITRE VI

TRÉSORIER

Fonctions et responsabilité.

« Le trésorier est chargé de toutes les écritures
« qui concernent la comptabilité en deniers, et
« rédige la correspondance qui s'y rattache.

« Il est dépositaire de tous les registres et piè-
« ces quelconques conservés à titre de renseigne-
« ments.

« Il établit et certifie les états de services et
« tous autres extraits dont la tenue lui est con-
« fiée, ainsi que les copies ou extraits des docu-
« ments authentiques existant aux archives du
« corps.

« Il est dépositaire du livret de solde et du
« timbre du conseil.

« Il fait toutes les recettes et versements pres-
« crits par les règlements et donne quittance
« des sommes reçues lorsque le conseil ne doit
« pas en signer l'acquit.

« Il paye toutes les dépenses au moyen des
« fonds mis à sa disposition par le conseil et
« ceux qu'il est autorisé à recevoir directement.

« Il établit et signe les bons de distributions
« pour les vivres, le chauffage et les fourrages.

« Enfin, il est personnellement responsable des
« fonds qu'il a reçu et dont il doit faire le verse-
« ment dans la caisse du conseil, ainsi que de
« tout payement illégal, avances et versements
« non autorisés, erreurs de calculs, doubles em-
« plois, surcharges ou altérations d'écritures. »
(*Ordonnance du 10 mai 1844.*)

Mutations.

47. « Sur les états qui lui sont transmis chaque
« jour par le major, » il établit l'état général des
mutations, destiné au sous-intendant militaire, et
le présente à la signature du major.

Il enregistre et signe les billets d'hôpital ; il enregistre aussi les permissions et les congés.

Prêt et subsistances.

48. Tous les cinq jours, il fait le prêt à chaque
sergent-major sur une feuille signée par le capitaine, et dont il vérifie l'exactitude.

Il établit, signe et enregistre les bons de subsistances et de chauffage.

Officier adjoint au trésorier.

49. Le trésorier a sous ses ordres un officier
du grade de sous-lieutenant ou de lieutenant, qui
est chargé de l'aider dans son travail, et de le
suppléer lorsqu'il est malade ou absent.

L'officier adjoint au trésorier assiste chaque année aux écoles de peloton et de bataillon, et aux théories qui y sont relatives.

Il remplit, aux bataillons de guerre, les fonctions attribuées au trésorier.

CHAPITRE VII

OFFICIER D'HABILLEMENT

Attributions; responsabilité.

50. L'officier d'habillement est membre responsable du conseil d'administration. Il est en outre responsable envers l'État des étoffes, matières et effets de toute nature versés dans les magasins du corps, et, envers le conseil d'administration, de la régularité des distributions et de la tenue de ses registres. Il est chargé, sous la direction du major, de la confection, de la distribution et des réparations des effets; il l'est également des réparations à faire à l'armement, de la conservation et de l'entretien des armes en magasin.

Il rédige les marchés et la correspondance relative à ses fonctions, que le conseil ou son président doit signer.

Il commande la compagnie hors rang; il est chargé de la police des ateliers; les maîtres ouvriers ne reçoivent d'ordres, pour leur travail, que de lui ou de ses adjoints. Il propose au major le remplacement de tout maître ouvrier, incapable ou de mauvaise conduite.

« Il est secondé par un ou plusieurs officiers « (selon l'arme) placés sous son autorité immé- « diate.

« Ces officiers sont nommés par le conseil d'ad- « ministration, sur la présentation de l'officier « d'habillement et d'après l'avis du major. » (*Ordonnance du* 10 *mai* 1844.)

Distribution et marque des effets.

51. Il ne distribue ni armes, ni effets, que sur un bon nominatif du capitaine, visé par le major.

Les effets d'habillement, de grand équipement et d'armement sont, avant d'être distribués aux compagnies, empreints par ses soins des marques prescrites par les règlements, sauf celle du numéro matricule de l'homme, qui est appliquée dans les compagnies par les soins des capitaines.

Réparations.

52. Les réparations sont faites sur des bons signés par le capitaine, qui spécifie au compte de quelle masse elles doivent être imputées. Un sergent ou un caporal, porteur du bon, accompagne au magasin d'habillement le soldat, muni de l'effet à réparer. L'officier d'habillement vise le bon, après avoir reconnu que la réparation est exprimée comme elle doit l'être, et réellement imputable

sûr la masse désignée ; s'il y a contestation, le différend est jugé par le major, et, au besoin, par le conseil d'administration.

L'officier d'habillement, avant de rendre les effets, s'assure que la réparation a été bien faite.

Officier d'armement ; officier adjoint à l'habillement.

53. Il a sous ses ordres deux officiers qui lui sont adjoints : l'un, du grade de lieutenant, est chargé de tous les détails de l'armement ; l'autre, d'un grade inférieur au sien, l'aide dans la tenue des écritures et les détails de l'habillement, et le remplace en cas d'absence ou de maladie.

Ces officiers sont désignés par le colonel, sur la proposition de l'officier d'habillement et d'après l'avis du major. Ils sont habituellement exempts du service de place et de semaine, et des exercices de détail ; mais ils assistent chaque année aux écoles de peloton et de bataillon, ainsi qu'aux théories qui y sont relatives. Ils remplissent dans la compagnie hors rang les fonctions d'officiers de section et d'officiers de semaine.

Lorsque le régiment est formé sur le pied de guerre, le lieutenant d'armement réunit à ses fonctions celles d'officier d'habillement près des bataillons de guerre. L'officier adjoint à l'habillement remplit alors au dépôt les fonctions de lieutenant d'armement. Le major veille en conséquence à ce que ces officiers soient aptes à remplir ces doubles fonctions.

CHAPITRE VIII

PORTE-DRAPEAU

Est attaché à l'instruction.

54. Le porte-drapeau est attaché à l'instruction des recrues, sous les ordres de l'officier qui la dirige; il tient le contrôle nominatif des classes; il y inscrit les mutations qui surviennent, les absences des recrues, le nom des instructeurs et la progression de l'instruction (modèle L); il est chargé d'établir les rapports prescrits par l'article 228.

Service.

55. Lorsque, dans une compagnie, il n'y a qu'un officier présent, le porte-drapeau peut y être attaché; il y fait le service de semaine.

CHAPITRE IX

CHIRURGIEN-MAJOR ET CHIRURGIENS AIDES-MAJORS

Visite journalière au quartier.

56. Tous les matins, avant le rapport, le chirurgien-major fait sa visite au quartier, après avoir pris au corps-de-garde les billets que les

sergents-majors y ont déposés pour lui indiquer les hommes qui réclament ses soins, et ceux qui sont rentrés la veille des hôpitaux. Dans sa tournée, il observe ce qui intéresse la salubrité des chambres.

Quand il y a des malades à la salle de police, en prison, ou au cachot, il en est prévenu par le sergent de garde : il envoie à l'hôpital ceux dont l'état l'exige.

Lorsque le régiment occupe plusieurs quartiers, le chirurgien-major se réserve habituellement la visite du quartier principal; il envoie dans les autres ses aides qui lui rendent compte. Les billets d'hôpital sont signés par lui, et, en son absence seulement, par le plus ancien des chirurgiens aides-majors.

La visite terminée, il rend compte au lieutenant-colonel, et, en son absence, au chef de bataillon de semaine; il lui propose les mesures d'hygiène qu'il croit utiles, demande la sortie de prison des hommes qu'il juge ne pouvoir y rester sans danger pour leur santé, et qui cependant ne sont pas dans le cas d'aller à l'hôpital.

Il passe fréquemment dans les cuisines pour examiner la qualité des aliments et la propreté des ustensiles.

Il peut, avec l'autorisation du lieutenant-colonel, être occasionnellement remplacé par le plus ancien des aides-majors dans la visite journalière du quartier et des prisons.

Lorsque les circonstances l'exigent, le chirurgien-major et ses aides font alternativement, d'après l'ordre du colonel, un service de nuit. Il leur est affecté à cet effet une chambre au quartier.

Infirmerie.

57. « Le chirurgien-major est tenu de traiter à « l'infirmerie les maladies ci-après, savoir :

« 1° L'ophthalmie, sans fièvre et sans gravité ;

« 2° L'otite, l'otorée, sans fièvre ;

« 3° La bronchite, sans fièvre ;

« 4° Les gingivites ou stomatites ;

« 5° Le prolapsus accidentel ou habituel de la « luette ;

« 6° L'amigdalite, sans fièvre ;

« 7° Les aphtes, les ulcérations de la membrane « buscale, sans fièvre ;

« 8° L'odontalgie, causée ou non par la carie « des dents ;

« 9° Les fluxions des joues ;

« 10° Les hémorroïdes récentes et simples ;

« 11° La diarrhée simple, dont la durée n'excède « pas quatre ou cinq jours ;

« 12° La balanite ;

« 13° L'uréthrite aiguë et subaiguë, sans com- « plication de rétrécissements ;

« 14° L'oreillon idiopathique (parotidite) ;

« 15° Toutes les ganglionites simples, qui ne ré-
« clament qu'un traitement local ;

« 16° Les entorses, sans complication ;

« 17° Les luxations de l'articulation scapulo-
« humérale ;

« 18° Le lombago, sans fièvre ;

« 19° Le furoncle ;

« 20° Le phlegmon peu étendu et sans fièvre ;

« 21° Les abcès superficiels ;

« 22° Toutes les inflammations superficielles de
« la peau, sans fièvre ;

« 23° L'érythème ;

« 24° L'érysipèle simple par cause externe et
« sans fièvre ;

« 25° Les dartres récentes simples causées par
« la malpropreté, l'isolation, etc. ;

« 26° Les éruptions anormales, furonculeuses,
« psoriformes, etc. ;

« 27° La gale, à moins qu'elle ne soit invétérée ;

« 28° Les engelures ;

« 29° Les plaies simples et superficielles pro-
« duites par des instruments tranchants ou con-
« tondants, sans lésion de vaisseaux ou d'organes
« importants.

« Il est formellement interdit aux officiers de
« santé du corps de faire entrer ou de maintenir
« à l'infirmerie régimentaire les hommes qui se-

« raient atteints d'affections que leur gravité a
« fait exclure de la nomenclature qui précède.
« (2, 39, 343.)

« Le chirurgien-major propose au lieutenant-
« colonel les mesures nécessaires pour l'organisa-
« tion, l'entretien et la police de l'infirmerie,
« conformément aux prescriptions des circulaires
« du 28 janvier 1839, 3 février 1843 et 19 août
« même année; il tient un registre sur lequel il
« inscrit le nom, le grade des hommes qui vont
« à l'infirmerie, le numéro du bataillon et de la
« compagnie, ainsi que le genre de maladie, la
« date de l'entrée, celle de la sortie et ses obser-
« vations sur le traitement. Ce registre est coté et
« paraphé par le major, et arrêté tous les mois
« par le lieutenant-colonel. (2 novembre 1833.)

« Un sous-officier, secondé par un caporal
« chargé de l'ordinaire, un soldat-infirmier, chargé
« de la tisannerie et de la cuisson des aliments,
« et un soldat par vingt hommes à l'infirmerie
« pour les bains, peuvent suffire à la police et à la
« tenue de l'infirmerie. (1, 39, 22.)

« Les médicaments et le linge à pansement né-
« cessaires aux infirmeries régimentaires sont
« fournis par les hôpitaux militaires, sur des bons
« établis par le chirurgien-major, les 1er, 10 et 20
« de chaque mois, visés par le major et le sous-
« intendant militaire. (1, 43, 28.)

« Pour ces demandes, le chirurgien-major de-
« vra se conformer aux prescriptions de la circu-
« laire du 19 août 1843 et la nomenclature qui y
« est annexée. (2, 43, 188.)

« Les adjudants sous-officiers de semaine sont
« tenus de visiter au moins une fois par jour les
« infirmeries régimentaires et les salles con-
« valescentes, afin d'y assurer le maintien de la
« discipline, ainsi que l'exécution des prescrip-
« tions et des ordres donnés par les officiers de
« santé. (1, 44, 172). »

Exemptions de service.

58. Aucun homme n'est exempt de service pour
cause de maladie ou d'accident que sur un certificat d'un des chirurgiens. Ce certificat n'est
donné qu'après un examen scrupuleux, et jamais
pour plus de quatre jours, sauf à le renouveler.

Visite aux hôpitaux.

59. Le chirurgien-major visite deux fois par semaine au moins les malades du régiment qui sont
dans les hôpitaux ; il rend compte de ses observations au lieutenant-colonel.

Il accompagne le colonel et le lieutenant-colonel dans leurs visites aux hôpitaux et à l'infirmerie.

Quand les chirurgiens en sont requis par l'autorité compétente, ils doivent faire le service aux

hôpitaux militaires ou dans les salles militaires des hospices civils de la garnison. Ce service extraordinaire ne les dispense pas de leurs obligations envers le régiment.

Bains.

60. Le chirurgien-major propose les bains quand il les juge convenables ; il y accompagne la troupe avec ses aides.

Visite générale tous les mois ; visite des recrues, semestriers et congédiés.

61. Tous les mois au moins, il fait, en présence des officiers de semaine, une visite individuelle des caporaux et soldats pour reconnaître les maladies vénériennes et cutanées ; il prend à cet effet les ordres du lieutenant-colonel. Il examine plus fréquemment les recrues.

Les hommes rentrant d'un hôpital externe, de congé ou de permission, sont, le jour même de leur arrivée, visités par un des chirurgiens, qui envoie aussitôt à l'infirmerie ceux qu'il trouve atteints de maladies cutanées.

Le chirurgien-major constate, sous sa responsabilité, l'aptitude des hommes qui se présentent pour servir au régiment, soit comme engagés volontaires, soit comme remplaçants.

Lorsqu'il arrive des hommes de recrue, le chirurgien-major les visite avec soin pour constater s'ils sont propres au service, s'ils ont eu la variole ou s'ils ont été vaccinés; il tient registre de ses observations, et en rend compte par écrit au lieutenant-colonel. Lorsqu'un homme de recrue présente des infirmités ou des vices de conformation qui le rendent impropre au service, le chirurgien-major en fait un rapport spécial au lieutenant-colonel, qui l'adresse au colonel.

« Le registre prescrit ci-dessus doit être, de la « part de MM. les inspecteurs médicaux, l'objet « d'une attention toute particulière. » (*Note ministérielle du 6 mars 1841.*)

Il établit les certificats de visite pour les hommes proposés pour la réforme, la retraite ou un congé d'un an, ainsi que pour les malades présents au corps qui ont besoin d'un congé de convalescence.

Il visite les semestriers et les hommes qui quittent le corps par congé, réforme ou retraite, afin que ceux qui seraient atteints de maladies vénériennes ou cutanées soient traités avant leur départ. Les semestriers, atteints de maladies vénériennes, sont privés de leurs congés.

Manœuvres.

62. Un des chirurgiens se trouve aux manœuvres et au tir à la cible, pourvu de linge, de bandes et des médicaments de première nécessité.

Le chirurgien-major assiste aux exercices à feu du régiment.

Soins gratuits.

63. Il doit gratuitement ses soins à tous les individus du régiment.

Les officiers qui sont traités chez eux, ainsi que les sous-officiers et les maîtres ouvriers, lorsqu'ils sont traités hors de l'infirmerie, sont tenus de se fournir de médicaments.

Indications du logement.

64. L'indication du logement des chirurgiens, et des heures où ils sont chez eux, est affichée au corps-de-garde de police.

Cas de détachements.

65. En cas de séparation, le chirurgien-major marche avec l'état-major du régiment ; les chirurgiens aides-majors marchent avec les bataillons détachés.

« Lorsqu'une partie du régiment est cantonnée,
« le chirurgien-major fait des tournées dans les
« cantonnements toutes les fois que le bien du
« service l'exige. » (*Décision minist. du 24 avril*
1841.)

« A la fin de chaque trimestre les officiers de
« santé des corps de troupes doivent adresser au
« conseil de santé des armées un relevé de la mor-
« talité, conformément à une note transmise par

« le ministre aux conseils d'administration des
« corps de toutes armes. » (1, 43, 522.)

Un chirurgien aide-major détaché remplit, envers le chef de bataillon et la troupe, les mêmes devoirs que le chirurgien-major envers le lieutenant-colonel et le régiment.

CHAPITRE X

CAPITAINE

Devoirs généraux.

66. Les premiers soins du capitaine doivent être d'inspirer aux militaires de sa compagnie du zèle et de l'amour pour le service ; de leur rendre facile la pratique de leurs devoirs par ses conseils, par l'usage équitable de son autorité et par une constante sollicitude pour leur bien-être. Il est l'intermédiaire indispensable de leurs demandes. Il doit s'attacher à connaître le caractère et l'intelligence de chacun d'eux pour les traiter, en toute circonstance, avec une justice éclairée. Il réprime au besoin la familiarité et la brusquerie de ses subordonnés envers les soldats, qu'on ne doit jamais tutoyer, injurier ou maltraiter.

Il visite tous les jours sa compagnie.

Responsabilité.

67. Le capitaine est responsable de l'instruction, de la police, de la discipline et de la tenue

de sa compagnie ; il fait enseigner dans les chambres les règles de discipline, de tenue et de service intérieurs, les dispositions du Code pénal, surtout celles relatives à la désertion, le service des soldats dans les places et en campagne, le paquetage et les soins à donner aux armes et aux effets d'habillement et d'équipement.

Il est responsable de la bonne administration de sa compagnie. Cette responsabilité s'étend à tous les détails relatifs à la perception, à la distribution et à l'emploi des diverses prestations en argent et en nature, et plus particulièrement à la masse individuelle. Cette masse doit être l'objet de la sollicitude continuelle du capitaine. Il doit exiger que les officiers de section et le sergent-major remplissent rigoureusement leurs devoirs à cet égard ; il visite lui-même fréquemment le sac et le livret du soldat, de manière à pouvoir toujours répondre aux questions de son chef de bataillon sur la situation de la masse de tout sous-officier, caporal ou soldat de sa compagnie.

Il assiste aux distributions d'effets d'habillement, d'équipement et d'armement faites à sa compagnie : en cas d'empêchement, il est remplacé par un officier de la compagnie ; il se fait alors présenter les hommes avec les effets qu'ils ont reçus. Il fait marquer les effets au numéro matricule de chaque homme.

« Il juge directement ou après avoir pris l'avis
« des officiers sous ses ordres, sauf le recours des
« parties intéressées au major et subsidiairement
« au conseil, si, en raison de la cause manifeste
« ou apparente des dégradations faites aux effets
« ou armes, le prix des réparations nécessaires
« doit être mis à la charge des hommes qui en sont
« détenteurs;

« Il est autorisé à suspendre, avec l'approba-
« tion du major, la réparation des effets de la
« deuxième catégorie et des armes laissés par les
« hommes qui entrent dans une position d'ab-
« sence, lorsqu'il reconnaît qu'ils peuvent faire
« encore un bon service entre les mains de ces
« hommes à leur retour au corps.

« Le capitaine adresse ses réclamations au con-
« seil, lorsque le payement de la solde ou les dis-
« tributions n'ont pas lieu aux époques réglemen-
« taires; que les fournitures sont défectueuses,
« incomplètes; et, enfin, qu'une imputation ou
« retenue illégale est faite à sa troupe.

« Si sa réclamation reste sans effet, il peut la
« porter devant les officiers de l'intendance mili-
« taire. » (*Ordonnance du 10 mai 1844.*)

Formation de la compagnie.

68. Chaque compagnie est partagée, pour les
détails et le service journalier et intérieur, en sec-

tions, demi-sections et escouades, conformément
au tableau D,

La compagnie étant formée par rang de taille,
ainsi qu'il est prescrit par l'ordonnance sur les
manœuvres, elle est partagée en deux sections,
chaque section en deux demi-sections, chaque
demi-section en deux escouades. Le contrôle de la
compagnie est établi dans cet ordre; il sert à la
formation des chambrées, à celles des ordinaires,
lorsqu'il y en a plusieurs, aux appels et à tous les
rassemblements de la compagnie, afin que les
sections soient composées des mêmes hommes,
et que les officiers et les sous-officiers aient les
mêmes subordonnés à commander dans toutes les
situations. Le même contrôle sert à commander
dans toute espèce de service; les hommes à marcher sont désignés alternativement par la queue
du contrôle.

Cette formation et le contrôle sont renouvelés
lorsqu'une libération, l'arrivée de recrues ou de
nombreuses mutations le rendent nécessaire. Les
sergents et les caporaux nommés dans l'intervalle
prennent les demi-sections et les escouades de
ceux qu'ils remplacent, sans égard à l'ancienneté,

Prêt.

69. « La solde et les accessoires de solde des
« hommes de troupe sont payables à titre de prêt

« par le trésorier, entre les mains du capitaine, les
« 1", 6, 11, 16, 21 et 26 du mois, pour le nombre
« de jours formant l'intervalle de chacune de ces
« dates à la date suivante exclusivement.

« Le capitaine perçoit le prêt, *d'avance,* sur le
« pied de paix et à *terme échu,* lorsque les vivres
« de campagne sont fournis et que la troupe ne
« fait pas ordinaire, sur une *feuille de prêt* portant
« décompte, certifiée et quittancée par lui.

« Le montant de la feuille de prêt peut être payé
« au sergent-major, sur la présentation de cette
« feuille revêtue de l'acquit du capitaine.

« Le sergent-major remet sur-le-champ à son
« capitaine, la somme qu'il a touchée chez le tré-
« sorier.

« Le capitaine est responsable des sommes
« payées sur ses quittances entre les mains du
« sergent-major. »

Le prêt se divise en deux parties : la première
est destinée aux dépenses de *l'ordinaire;* la seconde est payée, comme *centimes de poche,* aux
hommes qui vivent à l'ordinaire.

Chaque caporal ou soldat doit verser à l'ordinaire quinze centimes par jour, avec les vivres de
campagne, trente centimes avec le pain en garnison, et quarante centimes avec le pain en marche. Lorsque, dans quelques localités, le prix des
comestibles sort des proportions communes, le

colonel peut, avec l'approbation du maréchal de camp, faire verser temporairement à l'ordinaire une plus forte partie du prêt. (*Il en est donné avis au sous-intendant militaire, pour le mettre à même d'opérer ses vérifications* [1]. Dans aucun cas, le soldat ne peut recevoir moins de cinq centimes de poche.

Le capitaine charge le sergent-major de donner chaque jour au chef d'ordinaire l'argent nécessaire pour les dépenses du lendemain.

Il ne remet à ce sous-officier, et celui-ci ne paie que le premier jour du prêt suivant, la solde des sous-officiers, celle des hommes qui ne vivent pas à l'ordinaire, celles des enfants de troupe, les centimes de poche et les hautes paies.

Il veille à ce qu'il ne soit fait sur l'argent de poche d'autre retenue que celle qui est prescrite pour les hommes punis de la prison ou du cachot.

Les centimes de poche des hommes irrégulièrement absents le dernier jour du prêt sont versés à l'ordinaire.

Les hommes qui s'absentent avec permission sont payés des centimes de poche et des hautes paies jusqu'au jour de leur départ exclusivement.

---

[1] Cette phrase, en caractères italiques, est une modification approuvée par le roi, le 8 juillet 1835.

Ordinaires.

70. En temps de paix, lorsque la compagnie est réunie dans le même quartier, elle ne forme qu'un ordinaire. Le capitaine désigne alternativement, pour tenir l'ordinaire, un des caporaux les plus aptes à cette fonction.

Le capitaine surveille avec une attention soutenue la gestion de l'ordinaire ; il empêche, par tous les moyens qui sont en son pouvoir, les abus qui pourraient s'y introduire ; il s'assure fréquemment par lui-même que les comestibles sont de bonne qualité et en quantité suffisante ; que le prêt est employé à sa destination ; que les bouchers, les boulangers et les épiciers sont régulièrement payés, et qu'ils inscrivent chaque jour leur quittance sur le cahier destiné à cet usage.

« Le capitaine doit rigoureusement tenir la « main à ce que le bouillon soit passé à travers une « passoire de fer blanc, afin d'éviter que des fragments d'os ne restent dans le liquide. » (*Décision du 6 mai 1843.*)

Hommes allant aux hôpitaux et en congé; effets des hommes décédés.

71. Le capitaine signe les billets d'hôpital; il arrête le compte des hommes qui s'absentent pour un motif quelconque, et signe leur livret; ces hommes doivent l'emporter avec eux.

Il fait faire l'inventaire des effets des sous-officiers et soldats décédés, et en remet un double au major.

Tous les hommes rentrant après une absence, sont représentés au capitaine le lendemain par l'officier de section, ou, à son défaut, par le sergent. Ils doivent être munis de leur livret.

Comptabilité.

72. Le sergent-major et le fourrier sont les agents du capitaine pour tout ce qui concerne l'administration et la comptabilité. Le capitaine vérifie souvent les registres de la compagnie. Chaque trimestre, en faisant le décompte, il compare le livre de compagnie avec les livrets des sous-officiers et soldats. Il fait arrêter les comptes et les signe sur le livre de compagnie et sur les livrets. Les hommes signent sur le livre de compagnie; ceux qui ne savent pas signer font une marque, qui est légalisée par la signature de l'officier de section.

Le capitaine veille à ce que les hommes conservent constamment leurs livrets, et qu'il n'y soit fait d'inscription qu'en leur présence.

Quand le sergent-major est remplacé, le capitaine vérifie et arrête ses comptes. Il ne peut rendre responsable le successeur qu'autant que celui-ci a assisté à cette vérification ou l'a faite lui-même.

Administration de la masse individuelle.

73. Les capitaines sont chargés, sous la direction spéciale du major, de pourvoir les sous-officiers et soldats des effets au compte de la masse individuelle; ils sont tenus de se conformer aux échantillons et modèles adoptés; ils doivent connaître les prix de confection, le prix, l'espèce et la qualité des matières qui entrent dans la confection.

Les capitaines réunis nomment trois d'entre eux pour former, sous la présidence du major, une commission chargée de passer et de rédiger les marchés, pour l'achat des effets au compte des hommes, de vérifier ceux que les fournisseurs et les maîtres ouvriers du corps livrent au magasin, d'y apposer leur timbre de réception et de procéder aux abonnements relatifs aux réparations au compte des hommes. Les effets reçus par la commission sont déposés au magasin d'habillement; l'officier d'habillement ne les distribue aux compagnies que sur des bons nominatifs signés par le capitaine et visés par le major.

Cette commission est renouvelée au 1er avril et au 1er octobre de chaque année, ou plus souvent s'il est nécessaire. Trois capitaines sont désignés pour suppléer les membres titulaires.

Le capitaine fait passer tous les mois, par les

officiers de section, une revue générale des effets;
ces officiers lui proposent les remplacements et
les réparations, et s'assurent que les livrets sont
à jour. Le capitaine ordonne de semblables revues, toutes les fois qu'il le juge nécessaire. Il en
passe une lui-même avant la fin de chaque trimestre. Le jour de cette dernière revue est fixé
par le colonel : autant que possible, elle se passe
à la même heure dans toutes les compagnies du
régiment.

Réparations d'effets [1].

74. Le capitaine met la plus sévère impartialité à imputer, soit à la charge du soldat, soit au
compte [2] des abonnements, suivant le cas, les réparations [3] d'effets.

Services payés.

75. Il désigne, sur la proposition des officiers de
section, les hommes qui ont besoin de faire des
services payés pour améliorer leurs masses; il ne
permet pas qu'un homme fasse seul un service
payé, à moins qu'il n'ait deux nuits de repos entre

---

[1] et [3] Le 8 juillet 1835, une décision du roi a approuvé la suppression des mots : *et remplacement,* après
celui : *réparations.*

[2] Suppression des mots : *de l'État ou,* après ceux :
soit au compte, a été également approuvée par une décision du roi de même date.

chaque garde : s'il ne peut pas les avoir, le capitaine fait partager ce service entre deux hommes.

Perruquiers.

76. Le soldat chargé de la coupe des cheveux des sous-officiers, des caporaux et des soldats, ne reçoit pour cet objet aucune rétribution, mais il est exempté de service ; le capitaine lui fait payer tous les mois, sur les fonds de l'ordinaire, dix centimes pour chaque homme qu'il rase ; il fait également remettre sur l'ordinaire dix centimes par mois à chaque homme qui se rase lui-même.

Le perruquier se trouve à tous les rassemblements de la compagnie.

Inspection de détail.

77. Chaque fois que la compagnie s'assemble, le capitaine reçoit le rapport de l'officier de semaine, et passe rapidement son inspection.

Le dimanche, il passe une inspection détaillée avant celle du colonel.

Rapport au chef de bataillon.

78. Il fait immédiatement à son chef de bataillon le rapport des punitions graves qui sont infligées dans la compagnie, et des événements dont il importe que cet officier supérieur soit prévenu sans délai.

Cas de partage de la compagnie.

79. En cas de partage de la compagnie, le capitaine marche habituellement avec la première section ; il emmène avec lui le sergent-major et le fourrier. Le lieutenant marche avec la seconde section ; il a avec lui le caporal désigné à l'article 155.

SERVICE DE SEMAINE

Les capitaines alternent pour ce service.

80. Les capitaines sont commandés pour le service de semaine par la tête du contrôle ; ils roulent entre eux sur tout le régiment : dans un bataillon ou dans des compagnies détachées, ils roulent sur le bataillon ou détachement ; dans une compagnie détachée seule, ce service est fait par l'officier de semaine.

Les capitaines commandant un bataillon ou un détachement de trois compagnies au moins, et ceux employés à l'instruction des recrues en sont exempts.

Lorsque le capitaine de semaine est commandé pour un service de place, il est remplacé pour la journée, dans le service de semaine, par le capitaine qui marche après lui.

Propreté du quartier.

81. Le capitaine de semaine surveille la propreté des corridors et escaliers, des cours et de l'extérieur du quartier.

Le samedi, il s'assure de l'exécution de tous les ordres relatifs à la propreté.

Visite de l'infirmerie.

82. Il visite tous les jours l'infirmerie, pour s'assurer qu'elle est bien tenue; il y va souvent aux heures des repas, il reçoit les réclamations des hommes qui s'y trouvent; il y fait droit s'il y a lieu, ou les fait parvenir à l'autorité compétente.

Appels.

83. Il fait faire les appels.

Pour l'appel de onze heures, les compagnies s'assemblent aux trois roulements, les hommes de garde et de piquet en armes à la droite de leurs rangs respectifs; les compagnies étant alignées, et les rangs ouverts, le capitaine fait donner un coup de baguette, pour que l'appel commence à la fois dans toutes les compagnies. L'appel terminé, il est rendu au capitaine par les officiers de semaine réunis en cercle autour de lui, au signal d'un autre coup de baguette.

L'appel se rend verbalement, s'il ne manque personne, et par écrit s'il manque quelqu'un. Lorsque les inspections sont passées, et que l'ordre a été lu dans chaque compagnie, le capitaine fait battre la berloque, et les officiers font rompre les rangs.

L'appel du soir se fait dans les chambres; chaque officier de semaine, accompagné du sergent-major, le rend par écrit au capitaine dans la salle du rapport. Le capitaine signe le billet général, et le fait porter chez le colonel par un sergent de semaine; il en fait faire un double pour le commandant de la place, et le lui envoie cacheté.

A l'appel du soir, il commande à tour de rôle les officiers de semaine qui sont nécessaires pour les distributions du lendemain.

Après l'appel du soir, il fait faire des contre-appels, s'il le croit utile.

Bains.

84. Lorsque le régiment va au bain, le capitaine de semaine le rassemble; il en a le commandement, à défaut du chef de bataillon de semaine.

DISTRIBUTIONS.

Le capitaine de semaine est chargé des distributions.

85. Le capitaine de semaine est chargé des distributions sous les ordres et la direction du major; il lui en rend compte. En l'absence du major, il rend compte au lieutenant-colonel.

Lorsque ses autres fonctions l'empêchent d'assister aux distributions, le capitaine qui marche après lui est commandé ce jour-là pour l'y remplacer.

Le capitaine de semaine reçoit du trésorier le détail de ce qui revient à chaque compagnie, et les bons pour chaque espèce de distribution.

Si les diverses distributions ont lieu successivement, il y préside lui-même, secondé par des officiers de semaine ; dans le cas contraire, il se réserve celle du pain, et charge des officiers de semaine, à qui il remet les bons, de présider aux autres.

Rassemblement et conduite des corvées.

86. Aux heures indiquées par les distributions, le tambour de service bat la berloque ; les fourriers et les caporaux de semaine, en tenue du jour, réunissent les hommes de corvée, qui sont en veste et en bonnet de police ; le capitaine, aidé de l'adjudant, les rassemble par espèce de corvée, et répartit les officiers. Les diverses corvées se mettent en marche ; le capitaine conduit celle du pain ; les officiers et les sous-officiers marchent sur le flanc de la troupe, et maintiennent l'ordre.

L'officier chargé de la distribution entre au magasin pour examiner les denrées ; les fourriers restent en dehors pour le bon ordre, pendant que les compagnies attendent leur tour. Les compagnies sont servies d'après leur rang dans l'ordre de bataille, en commençant alternativement par la droite et par la gauche du régiment.

Examen et distribution des denrées.

87. Le capitaine de semaine prend tous les moyens convenables pour s'assurer de la qualité et du poids des denrées ; il surveille ceux qui reçoivent en compte ; il fait de nouveau compter, mesurer ou peser, s'il le juge à propos.

S'il a à se plaindre du poids ou de la qualité, et s'il ne peut faire changer à temps les denrées ou obtenir un supplément proportionné, il suspend la distribution, et fait prévenir le major, qui se rend au magasin, examine les denrées, et fait, s'il y a lieu, toutes les démarches nécessaires auprès du sous-intendant militaire, et, au besoin, auprès du commandant de la place. A défaut du major, ces démarches sont faites directement par le capitaine. Il est porté plainte au sous-intendant, toutes les fois qu'on a été dans la nécessité de faire changer les denrées ou d'accepter un supplément. Il est rendu compte au maréchal de camp. (*Dispositions rappelées par une circulaire du 26 septembre 1834 et une décision ministérielle du 9 janvier 1848*).

Lorsque plusieurs distributions ont lieu en même temps, le capitaine, après en avoir vérifié la qualité, fait commencer celle du pain ; il charge le plus ancien officier de semaine de la suivre, et se rend aux autres distributions pour les vérifier également. L'officier qui l'y a devancé a dû, après un premier examen, faire commencer la distribution, s'il n'y a pas eu de réclamation ; dans le cas contraire, il a dû faire prévenir le capitaine et attendre son arrivée.

La distribution terminée, le capitaine inscrit ses observations sur un registre tenu au magasin à cet effet.

Si le fourrier ne peut assister à toutes les distributions, il va à celle du pain ; il est suppléé pour les autres par le caporal de semaine.

Le fourrier compte toutes les rations avec le préposé en présence de l'officier, et demeure responsable de toute erreur.

Dès qu'une compagnie est servie, les hommes de corvée sont reconduits en ordre au quartier ; si le magasin est éloigné, les corvées de chaque bataillon sont réunies sous le commandement d'un officier.

CHAPITRE XI

LIEUTENANT ET SOUS-LIEUTENANT [1]

Fonctions.

88. Le lieutenant et le sous-lieutenant sont

______

[1] Les lieutenants d'état-major détachés dans les

employés par le capitaine à tous les détails de service, de police et d'administration de la compagnie.

Leurs fonctions sont de deux sortes : celle d'officier de section, et celles d'officier de semaine.

Direction de l'ordinaire.

89. Le lieutenant a la direction de l'ordinaire lorsque la compagnie n'en forme qu'un seul ; en l'absence du lieutenant, ou lorsqu'il commande la compagnie, cette direction est exercée par le sous-lieutenant. Lorsque la compagnie forme plusieurs ordinaires, chaque officier dirige les ordinaires de sa section.

L'officier chargé de la surveillance de l'ordinaire s'assure que l'inscription du prêt et des divers produits qui augmentent la recette, est faite régulièrement sur le livret d'ordinaire, et que cette recette, à l'exception des centimes de poche, est employée uniquement à la nourriture et aux dépenses de propreté. Il exige que les fournisseurs

---

corps doivent servir dans les compagnies, pendant la première des deux années qu'ils sont destinés à passer dans un régiment, et concourir pendant la seconde, au service des adjudants-majors, lorsqu'ils y sont jugés propres par les inspecteurs généraux ; ils ne doivent pas être chargés de la direction des écoles régimentaires.

(Décision ministérielle du 14 juillet 1836.)

soient payés tous les jours, et que le boucher, le boulanger et l'épicier, donnent quittance sur un cahier qui est joint au livret d'ordinaire. Il arrête ce cahier à la fin de chaque prêt. Il arrête en même temps et signe le compte de l'ordinaire. Il fait porter au nouveau prêt l'excédant de la recette ou de la dépense. Il n'est pas fait de décompte de l'excédant de recette, qui est destiné aux dépenses imprévues et à l'amélioration de l'ordinaire.

Le jour du prêt, avant l'appel de onze heures, il fait payer en sa présence par le sergent-major aux chefs d'escouade, et par ceux-ci aux soldats, les centimes de poche du prêt échu.

Commandement de la compagnie en l'absence du capitaine.

90. En l'absence du capitaine, le lieutenant commande la compagnie ; s'il n'y a pas de lieutenant dans la compagnie, et que l'absence du capitaine doive durer plus de quinze jours, le colonel désigne, pour en prendre le commandement un lieutenant du bataillon, choisi dans une compagnie où les trois officiers sont présents.

OFFICIER DE SEMAINE.

Maintien de l'ordre dans la section.

91. L'officier de section maintient un ordre in-

variable dans sa section ; il y excite l'émulation ; il dirige et surveille les sergents et les caporaux sous ses ordres ; il étouffe avec soin tout germe de rixe, entretient l'union et le goût du service, et prend toujours pour règle l'impartialité et la justice.

Livret à tenir.

92. L'officier de section reçoit du sergent-major tous les renseignements relatifs à l'administration. Il tient pour sa section un livret conforme au modèle E ; il y inscrit sommairement les mutations qui surviennent.

Conservation des effets.

93. Il visite tous les jours sa section ; il est chargé de veiller à ce que tous les effets d'habillement, de grand et de petit équipement et d'armement, soient tenus constamment en bon état ; il ne néglige aucun moyen d'en assurer la propreté et la conservation.

Il se fait rendre compte des effets qui sont perdus ou dégradés, surtout au retour des exercices ; il en recherche les causes des pertes ou dégradations, et en fait le rapport au capitaine. Souvent, et à l'improviste, il fait la visite des effets d'un homme qu'il soupçonne d'inconduite.

Revue mensuelle.

94. Vers la fin de chaque mois, au jour prescrit

par le capitaine, il passe une revue de tous les effets des hommes de sa section; il vérifie si les livrets sont à jour et tenus avec exactitude; il remet au capitaine l'état des réparations qu'il a jugées nécessaires à l'habillement, à la coiffure et au grand équipement, ainsi que l'état des remplacements à faire au compte de la masse individuelle. Lorsqu'un homme rentre après une absence qui a duré huit jours au plus, l'officier de section passe la revue de ses effets.

Détails de tenue et de propreté.

95. Il veille à la propreté personnelle des soldats; il surveille avec un soin particulier l'entretien des armes, la conservation et le blanchiement de la buffleterie.

Le samedi, avant la soupe du soir, il s'assure que les soldats ont mis leurs effets dans le plus grand état de propreté; il consigne au quartier jusqu'à l'appel ceux qui auraient négligé ce devoir.

Le dimanche, il se rend de bonne heure dans les chambres, et s'assure que tout est disposé pour l'inspection du capitaine.

Instruction des recrues dans les chambres.

96. Il tient la main à ce que les hommes de recrues soient instruits, par les sergents et les caporaux, de tous les détails du service, de la disci-

pline, de la tenue, de l'entretien et de l'arrangement des effets de toute nature ; il les interroge souvent pour s'assurer si cette disposition a lieu.

Le premier samedi de chaque mois, il fait faire en sa présence la lecture du Code pénal militaire, et surtout des dispositions relatives à la désertion ; il la fait faire aux recrues aussitôt après leur arrivée.

Cas d'absence.

97. Lorsqu'un officier de section est absent, l'officier restant à la compagnie à la surveillance des deux sections ; l'officier qui s'absente lui remet, à son départ, le livret de sa section.

SERVICE DE SEMAINE.

Répartition de ce service ; son objet.

98. Le lieutenant et lo sous-lieutenant alternent pour le service de semaine, lors même que l'un d'eux commande la compagnie.

Ils ne peuvent pas changer leur tour de semaine, sans en avoir obtenu l'agrément du capitaine.

Les fonctions de l'officier de semaine sont d'assurer l'accomplissement des devoirs des sergents et des caporaux de semaine, de surveiller la tenue des chambres et l'arrangement des effets ; de se faire rendre compte, par le sergent-major et le sergent de semaine, des mutations, des permis-

sions, des distributions, et de s'assurer si les punitions sont infligées avec justice.

Un officier de semaine, commandé pour un
service de place, est remplacé dans le service de
semaine par l'autre officier de la compagnie, et à
défaut de celui-ci, par le sergent-major.

Appel; hommes de service; lecture de l'ordre.

99. L'officier de semaine se trouve aux appels ;
le sergent-major et le sergent de semaine l'informent de tout ce qui s'est passé depuis l'appel
précédent, et spécialement de la rentrée des
hommes qui manquaient.

A l'appel de onze heures, les hommes de service sont en armes et à la droite de leurs rangs ;
la compagnie étant alignée, l'officier fait ouvrir
les rangs ; au premier coup de baguette, il fait
commencer l'appel ; il le rend au capitaine de semaine après le second coup de baguette, ainsi
qu'il est prescrit art. 83.

Il passe ensuite l'inspection de la compagnie
et particulièrement des hommes de service ; il
corrige leur position. Le sergent de semaine est
responsable envers lui de leur bonne tenue.

L'officier de semaine fait, s'il y a lieu, donner
lecture de l'ordre à la compagnie formée en cercle ; il ajoute les explications qu'il juge nécessaires.

Après avoir reçu du sergent-major le nom des sous-officiers et soldats pour lesquels il est arrivé de l'argent ou des lettres chargées, il s'assure que la distribution leur en a été faite sans retard ; le sergent de semaine est tenu de lui rendre compte à cet égard.

À la berloque, il ordonne au sergent-major de faire rompre les rangs.

Garde montante.

100. Au rassemblement de la garde, il fait réunir les hommes de service par le sergent de semaine ; il les présente à l'inspection du chef de bataillon ou de l'adjudant-major.

Il assiste à la garde montante ; il ne se retire qu'après que le cercle est rompu et que le sergent-major lui a communiqué l'ordre.

Visite des chambres.

101. Il passe chaque jour dans les chambres, et de préférence aux heures des repas ; il s'assure qu'elles sont tenues avec propreté, et que les effets sont placés selon l'ordre prescrit ; il accompagne le chef de bataillon de semaine, lorsque celui-ci visite les chambres de la compagnie.

Rapport au capitaine.

102. Dans un cas extraordinaire, il va sur-le-champ faire son rapport au capitaine ; s'il ne peut

y aller lui-même, il y envoie le sergent de semaine.

Appels du soir.

103. A l'heure de l'appel du soir, il passe dans
les chambres, accompagné du sergent-major; il
fait faire l'appel par le caporal de chambrée; il
signe le billet d'appel et le remet au capitaine de
semaine dans la salle du rapport; il attend l'ordre du capitaine pour se retirer.

Rassemblement d'une partie ou de la totalité de la compagnie.

104. L'officier de semaine se trouve à tous les
rassemblements de vingt hommes et au delà; il
en passe l'inspection; il inspecte également tous
les hommes commandés pour un détachement.

Lorsque la compagnie prend les armes, il préside à sa formation et en passe l'inspection; à
l'arrivée du capitaine, il lui rend compte du
nombre d'hommes présents.

Détails de propreté le samedi.

105. Le samedi, il s'assure que les couvertures
et les matelas sont battus, et que les chambres,
les corridors et les escaliers sont nettoyés à fond.

Officier seul pour le service de semaine.

106. Quand un officier est seul pour le service
de semaine, il est tenu de se trouver à l'appel de

onze heures et à la garde montante. Le colonel peut l'autoriser à alterner pour l'appel du soir avec l'officier de semaine de la compagnie qui forme division avec la sienne ; un seul officier se trouve alors à l'appel des deux compagnies.

CHAPITRE XII

OFFICIERS A LA SUITE

Rangs et fonctions.

107. Les officiers à la suite, quelle que soit leur ancienneté, prennent rang après les titulaires de leur grade : ceux-ci les commandent toujours à grade égal dans le service intérieur et dans les services qui se font par fractions constitutives du régiment.

Les officiers à la suite concourent avec les titulaires pour le service de semaine ; ils roulent avec eux, selon leur ancienneté, pour les différents tours du service de place, ainsi que pour le commandement des détachements composés d'hommes de diverses compagnies.

Ils sont employés : 1° au remplacement des officiers titulaires de leurs grades absents ; 2° à des fonctions spéciales d'administration ou d'instruction ; 3° au service d'officiers d'ordonnance près des généraux.

Les lieutenants et les sous-lieutenants sont pla-

sés de préférence dans les compagnies dont les
officiers de leur grade sont employés à des fonctions spéciales qui les dispensent de service ; ils
les remplacent dans le commandement de leurs
sections.

« Les officiers d'état-major détachés dans les
« corps de troupes, doivent servir dans les com-
« pagnies pendant la première des deux années
« qu'ils sont destinés à passer dans l'infanterie,
« et, pendant la seconde, au service des adju-
« dants-majors lorsqu'ils y sont jugés propres par
« les inspecteurs-généraux.

« Ils ne peuvent jamais être employés à la di-
« rection des écoles régimentaires. » (*Décision du
14 juillet 1826.*)

« Les officiers d'état-major détachés dans les
« régiments, suivront toujours les bataillons ac-
« tifs.

« Ils resteront, en temps de paix, avec la frac-
« tion la plus considérable du corps et avec celle
« où se trouve le colonel, si le régiment est di-
« visé en deux parties égales : il ne sera fait ex-
« ception à cette règle que lorsqu'un officier d'é-
« tat-major devra, dans l'intérêt du service et
« conformément à l'ordonnance du 23 février
« 1833, aller remplir les fonctions d'adjudant-
« major auprès d'une autre fraction du régi-
« ment. »   (*Décision du 3 avril 1839.*)

CHAPITRE XIII

ADJUDANTS

Fonctions,

108. Les adjudants ont autorité et inspection immédiate sur les sous-officiers et caporaux pour tout ce qui a rapport au service et à la discipline. Ils observent le caractère et surveillent la tenue, la conduite privée et les progrès des sous-officiers. Ils sont sous les ordres immédiats des adjudants-majors, à qui ils doivent des rapports sur tout ce qui est relatif au service et au bon ordre.

Ils sont chargés de l'instruction théorique et pratique des caporaux, sous la surveillance des adjudants-majors.

Étrangers entrant au quartier.

109. Les étrangers qui se présentent pour entrer au quartier sont conduits par les soins du sergent de garde à l'un des adjudants. Les adjudants n'autorisent l'entrée que de ceux qui y ont affaire, et ils les font respecter. Ils veillent avec un soin particulier à ce qu'il ne s'y introduise ni gens sans aveu ni femmes de mauvaise vie.

Répartition du service entre les adjudants.

110. Les adjudants alternent pour le service de

semaine. Ceux qui ne sont pas de semaine sont chargés par l'adjudant-major, lorsqu'il le juge nécessaire ; de seconder l'adjudant de semaine dans le service journalier. Ils informent le chef de leur bataillon des décisions prises au rapport par le colonel, ainsi que des ordres donnés extraordinairement dans la journée. Les ordres qui concernent le major lui sont transmis par l'adjudant de semaine.

Dans une place, l'adjudant sortant de semaine est en outre chargé d'aller tous les matins à l'état-major, muni du livre d'ordre et du rapport ; après avoir inscrit l'ordre de la place et tous les détails relatifs au service, il se rend chez le colonel qui lui donne ses instructions particulières, et ensuite chez l'adjudant-major de semaine, qui en assure l'exécution. Il communique ces ordres au lieutenant-colonel avant la garde montante.

Police des garnisons.

111. Dans les villes où il n'y a pas d'état-major de place, les adjudants secondent les adjudants-majors dans le service et la police militaire de la garnison. Ils doivent plus particulièrement alors prendre connaissance des auberges et des autres lieux publics fréquentés par les soldats, afin de pouvoir y diriger les patrouilles, et y faire la recherche des hommes qui manqueraient aux ap-

pels, ou qu'on aurait vus dans un état d'ivresse.

L'adjudant sortant de semaine réunit le matin, une demi-heure après le réveil, les rapports des chefs de postes. Il les porte à l'heure indiquée à l'officier supérieur commandant la place.

Cas d'absence.

112. Un adjudant absent est remplacé par un sergent-major du bataillon, désigné par le colonel sur la proposition du chef de bataillon et l'avis du lieutenant-colonel.

SERVICE DE SEMAINE.

Devoirs généraux.

113. L'adjudant de semaine est sous les ordres directs de l'adjudant-major et du capitaine de semaine. Il leur rend compte, en ce qui concerne chacun d'eux, de l'exécution des ordres donnés, et de tout ce qui se passe au quartier en leur absence. Dans les circonstances imprévues, il peut, lorsqu'ils ne sont pas au quartier, faire directement son rapport au chef de bataillon de semaine, au lieutenant-colonel et même au colonel.

En prenant le service, il reçoit de l'adjudant qu'il relève le contrôle des sous-officiers et caporaux pour commander le service, et l'état des sous-officiers et caporaux qui entrent en semaine avec lui. Il affiche dans la salle du rapport la liste des officiers, sous-officiers et caporaux de semaine.

Il surveille spécialement le service des sergents et caporaux de semaine et de planton au quartier, la garde de police, le tambour de garde et le piquet, lorsqu'il est commandé par un sous-officier.

Il se trouve aux appels, aux rassemblements de la garde, au départ des détachements et aux réunions de la totalité ou d'une partie du régiment.

Batteries.

114. Il est responsable de la ponctualité des batteries, lors même qu'il se fait suppléer à cet égard par le sergent de garde.

Les batteries pour le service journalier sont habituellement fixées aux heures suivantes :

Le réveil
- à 5 heures pendant les mois de mai, juin, juillet et août ;
- à 6 heures pendant les mois de mars, avril, septembre et octobre ;
- à 7 heures pendant les mois de novembre, décembre, janvier et février.

La corvée de propreté, une demi-heure après le réveil ;

La soupe du matin, à 9 heures ;

L'inspection des sergents de semaine, à 10 heures et demie;

L'appel, à 11 heures;

Le rassemblement de la garde, de suite après l'appel;

La soupe du soir { à 5 heures depuis le 1er mars jusqu'au 1er novembre; à 4 heures pendant les quatre autres mois;

Le rassemblement des tambours un quart d'heure avant la retraite;

La retraite, à l'heure ordonnée par le commandant de place;

L'appel, une demi-heure après la retraite;

L'extinction des lumières, à dix heures.

Les heures des rassemblements pour l'instruction pratique et théorique sont fixées par le tableau du service journalier.

Quand le climat, le service ou l'instruction exigent des changements dans les heures des batteries, ces changements sont ordonnés par le colonel.

Ordres.

115. Après la soupe du matin, l'adjudant de semaine dicte l'ordre aux fourriers; il veille à ce qu'ils l'écrivent avec régularité. Il leur fait en même temps connaître le service que leurs compagnies ont à fournir pour le lendemain.

Il communique au chef de bataillon de semaine, lorsqu'il vient au quartier, les ordres donnés par le commandant de la place.

Garde montante et parade.

116. Après l'appel de onze heures, l'adjudant de semaine fait rappeler pour la réunion de la garde. Lorsque le chef de bataillon de semaine a passé l'inspection des hommes de service réunis par compagnie, l'adjudant forme les postes. Il a soin que dans chaque poste les hommes soient placés par rang de taille, et pris, autant que possible, dans la même compagnie, à l'exception de la garde de police, qui est formée d'hommes de toutes les compagnies de fusiliers; il place les ordonnances et plantons à la gauche. La garde étant formée, il en prévient l'adjudant-major.

Il réunit alors le peloton des sous-officiers d'ordre composé des sergents-majors au premier rang, des sergents de semaine au second rang, et des caporaux de semaine au troisième; il les place en face de la garde et en passe l'inspection. Les sous-officiers d'ordre sont dans la même tenue que la garde, mais n'ont pas le sac au dos. L'adjudant passe de même fréquemment l'inspection des tambours et clairons.

La garde ayant défilé, il prend les ordres de l'adjudant-major pour faire former le cercle, et commande le service des sous-officiers et soldats pour le lendemain, s'il ne l'a pas été avant l'appel.

S'il y a parade pour la garnison, et qu'il n'y ait pas d'officier de service, l'adjudant conduit la garde du régiment sur la place d'armes ; dans ce cas, le plus ancien sergent-major marche à la tête des sous-officiers d'ordre.

Appels du soir.

117. Il contre-signe les permissions d'appel du soir, et en tient note pour vérifier le rapport que le sergent de garde fait des hommes rentrés.

Il fait en double expédition le relevé général des billets d'appel du soir, et le présente à la signature du capitaine de semaine.

Devoirs après la retraite.

118. A l'heure de l'appel, ou à l'heure fixée par le colonel, il fait fermer les cantines. Il veille à ce que l'extinction des lumières ait lieu à dix heures.

Il répond envers l'adjudant-major et l'officier supérieur de semaine, de la tranquillité du quartier pendant la nuit ; il fait des rondes et en fait faire par le sergent et le caporal de garde.

Il fait les contre-appels que le capitaine de semaine a ordonnés ; il peut en faire de son chef si quelque circonstance particulière l'exige : il en rend compte au capitaine le lendemain matin.

Propreté du quartier.

119. Il assure la propreté de l'extérieur et des cours du quartier sous la direction du capitaine de semaine ; il fait exécuter par le sergent de garde et les caporaux de semaine tous les ordres donnés à cet égard.

Détenus et consignés.

120. Il fait rassembler les détenus et les consignés aux heures fixées pour les exercices de punition.

Il surveille la nourriture des détenus : il s'assure qu'ils sont rasés au moins deux fois par semaine par le perruquier de leur compagnie ; il informe de leur sortie le sergent-major de la compagnie, quand elle a lieu pour cause de santé, ou par ordre du colonel.

Il charge le sergent de garde de faire de fréquents appels des consignés ; la liste en est déposée au corps-de-garde.

Il envoie deux fois par semaine un perruquier à l'hôpital et à la prison de la place, pour raser les militaires du régiment malades ou détenus pour fautes contre la discipline.

Visites au quartier par des officiers supérieurs.

121. En l'absence de l'adjudant-major de se-

maine, l'adjudant accompagne le colonel et le
lieutenant-colonel, lorsqu'ils viennent au quartier. Il accompagne de même tout officier supérieur qui le demande.

CHAPITRE XIV

SERGENT-MAJOR.

Devoirs généraux.

122. Le sergent-major s'applique à connaître
la conduite, les mœurs et la capacité des sous-
officiers, des caporaux et soldats de la compagnie ; il éclaire l'opinion du capitaine sur leur
compte, et n'agit envers eux qu'avec les ménage-
ments ou la sévérité que comportent leur âge ou
leur caractère. Il les commande en tout ce qui
est relatif au service, à la tenue et à la discipline. Il est responsable de ces détails envers les
officiers de la compagnie, et spécialement envers
l'officier de semaine.

Il est responsable de l'administration envers le
capitaine ; il surveille le fourrier chargé, sous sa
direction, de faire toutes les écritures.

Vérification à son entrée en fonctions.

123. En entrant en fonctions, il vérifie si les
effets de toute nature en service cadrent avec le
livre de compagnie et les livrets.

Prêt.

124. Il touche le prêt sur une feuille signée par le capitaine, au bas de laquelle il met son acquit; il porte le prêt immédiatement chez le capitaine.

Le premier jour du prêt, avant l'appel de onze heures, il paie aux chefs d'escouade, en présence de l'officier chargé de la surveillance de l'ordinaire, les centimes de poche et les hautes paies du prêt échu.

Il paie en même temps aux sous-officiers le prêt échu.

Comptabilité de la compagnie.

125. Il fait tenir par le fourrier les registres de compagnie, d'ordres et de punitions. Il exige qu'il soit constamment au courant, et que les mutations, ainsi que les recettes et les distributions de toute nature, soient portées chaque jour sur le livre de compagnie. Il veille à ce que le fourrier inscrive, en présence des hommes, sur leur livret, tous les effets qu'ils reçoivent, les réparations et les dégradations de toute nature mises à leur charge, ainsi que les versements qu'ils ont faits entre les mains du capitaine pour améliorer leur masse. Sous aucun prétexte, il ne garde les livrets par devers lui, et ne permet au fourrier de les garder.

« Le registre des punitions doit être à feuillets
« mobiles *oblongs*, *de huit pouces de hauteur* et
« *onze de largeur*, et conformes au modèle annexé
« à la circulaire du 30 avril 1828, avec cette dif-
« férence que la disposition de cette circulaire,
« d'après laquelle les punitions de chaque homme
« étaient inscrites sur deux pages en regard l'une
« de l'autre, est abrogée. » (1er semestre 1834,
p. 30.)

Effets des recrues.

126. A mesure que les recrues reçoivent des
effets militaires, le sergent-major leur fait vendre
leurs effets bourgeois en présence d'un sergent de
la section : les pantalons peuvent être conservés
pour les corvées et les exercices de détail.

Effets des hommes aux hôpitaux, en congé ou en désertion.

127. Lorsqu'un homme entre à l'hôpital du lieu,
ses effets d'armement, d'habillement et d'équipement sont visités en sa présence au magasin du
régiment, où ils restent déposés, ainsi que son
sac, qui est fermé et étiqueté. L'état en est dressé;
il est signé par l'homme qui s'absente et par le
sergent-major, et renfermé dans le sac; un double
de cet état, également signé, est conservé par le
sergent-major. Si le soldat entrant à l'hôpital ne
peut assister à cette visite, il y est remplacé par

le caporal et par un homme de l'escouade. Le sergent-major inscrit sur le billet d'hôpital les effets que l'homme emporte avec lui. Il arrête son livret, le présente à la signature du capitaine, et le remet à l'homme, qui doit toujours en rester porteur; il inscrit sur le rapport du lendemain la mutation et la situation de la masse.

Il agit de même à l'égard des hommes allant en congé, à l'hôpital externe, ou s'absentant pour tout autre motif. Ces hommes emportent leur sac; les effets qu'ils laissent au régiment sont visités de la même manière.

Lorsque l'homme qui a fait une absence rentre au régiment, ses effets sont retirés du magasin et vérifiés en sa présence.

Dès que le sergent-major suppose qu'un homme a déserté, il fait établir en double expédition l'inventaire de ses effets, en présence du caporal et d'un soldat de la chambrée qui le certifient; cet inventaire est visé par le capitaine. Le sac et tous les effets sont aussitôt déposés provisoirement au magasin avec une expédition de l'inventaire. L'autre expédition est remise au major. Le versement définitif au magasin a lieu le jour où l'homme est déclaré déserteur.

Listes et placards à afficher.

128. Le sergent-major fait placer par le four-

rier, en dehors de la porte de chaque chambre et sur une planchette, une liste indiquant le numéro du bataillon et de la compagnie, le nom du capitaine, de l'officier et des sergents de la section, et ceux des hommes de la chambrée.

Il affiche sur la porte de sa chambre le nom des officiers de la compagnie, avec l'indication de leurs logements; il y affiche également son nom et celui du fourrier.

Il fait afficher encore dans les chambres les articles de la présente ordonnance sur les marques extérieures de respect, et sur les devoirs des caporaux de chambrée; l'instruction sur la manière de monter et démonter les armes, et l'état des objets de casernement, signé par le fourrier et le caporal.

Malades à la chambre.

129. Après le réveil, il envoie au corps-degarde, par le sergent de semaine, le nom des hommes malades et des hommes rentrés la veille des hôpitaux, avec le numéro de leurs chambres. En cas d'urgence, il fait avertir sur-le-champ le chirurgien-major.

Il fait prévenir un des chirurgiens, dès qu'un homme rentre de congé, de permission ou de l'hôpital externe, afin qu'il visite cet homme immédiatement.

Appels.

130. Il se fait rendre compte de l'appel du matin par le sergent de semaine, il l'envoie en informer l'adjudant de semaine.

Il fait l'appel de onze heures; il y fait donner lecture des ordres par le fourrier; il commande le service pour le lendemain, et ne fait rompre les rangs que lorsque l'officier de semaine le prescrit.

Il fait faire devant lui l'appel du soir par les caporaux de chambrée; il établit le billet d'appel, le remet à l'officier de semaine et se rend avec lui dans la salle du rapport.

Il peut, avec l'autorisation de l'officier de semaine, être remplacé pour cet appel par le sergent de semaine; toutefois, il ne peut se dispenser de s'y trouver, lorsque, dans le cas prévu par l'article 106, l'officier de semaine de la compagnie n'y assiste pas.

Garde montante.

131. Il se trouve à la garde montante. Lorsque le cercle est rompu, il donne au sergent de semaine les noms des hommes qui doivent être de service le lendemain; lorsqu'il a reçu des ordres d'une exécution urgente, il va les communiquer au capitaine; il en fait informer les autres officiers par le caporal de semaine.

Demandes des sous-officiers et soldats.

132. Le sergent-major reçoit toutes les demandes que les sous-officiers, caporaux et soldats ont à faire par la voie du rapport; il les soumet au capitaine, et en instruit l'officier de semaine. Les soldats ne peuvent pas, sans sa permission, changer entre eux leur tour de garde.

Prix des remplacements pour le service.

133. Les demandes de remplacement de service lui sont soumises; il les accorde, s'il y a lieu; il en rend compte à l'officier de semaine. Le prix de ces remplacements est fixé de la manière suivante:

Pour une garde ou pour une ordonnance qui découche . . . . 75 c.

Pour un piquet de vingt-quatre heures, pour une ordonnance qui rentre le soir, ou pour faire la soupe. 50

Pour une corvée 25

Cas d'empêchement ou d'absence.

134. Lorsque le sergent-major est dispensé de quelque partie du service, il est remplacé par le sergent de semaine, auquel il remet le contrôle pour commander le service.

En cas d'absence, il est remplacé, pour le service et la police, par le plus ancien sergent de la compagnie, qui est alors dispensé du service de la place ; dans ce cas, le fourrier devient responsable de la comptabilité envers le capitaine.

CHAPITRE XV

SERGENTS

Fonctions générales

135. Les sergents commandent aux caporaux et aux soldats en tout ce qui est relatif au service, à la police et à la discipline ; ils surveillent leur conduite privée ; ils sont responsables, envers le sergent-major et les officiers, de l'exécution des ordres et de la police.

Ils alternent dans chaque compagnie pour le service de semaine ; ils roulent entre eux dans le régiment pour les gardes, les plantons et les corvées.

SERGENT DE SECTION

Fonctions.

136. Chaque sergent, dans la demi-section à laquelle il est attaché, dirige, sous l'autorité de l'officier de section, les détails intérieurs des chambrées ; il surveille la conservation et la tenue des effets.

Il appuie les caporaux de son autorité, les habitue à commander avec fermeté, mais sans brusquerie, et veille à ce qu'ils ne s'écartent jamais de l'impartialité et de la justice.

Quand un des deux sergents est absent, celui qui reste a la surveillance de toute la section.

Livret et contrôle.

137. Le sergent de section tient un livret semblable à celui qui est prescrit pour les officiers par l'article 92.

Il doit avoir en outre un contrôle de la compagnie, pour suppléer le sergent-major dans les appels.

Surveillance des chambrées.

138. Il s'assure que les chambres sont balayées tous les jours ; il veille à la conservation et au remplacement des affiches et étiquettes, ainsi qu'au maintien de l'ordre établi pour l'arrangement des effets ; il apporte une attention particulière à la bonne tenue des armes et de la buffleterie.

Le samedi, il fait mettre dans le plus grand état de propreté les effets de toute nature ; il fait balayer les chambres à fond, et battre les couvertures et les matelas.

Propreté des hommes.

139. Il exige que les caporaux et les soldats fassent faire à leur linge les réparations nécessaires, et qu'ils en changent le dimanche ; qu'ils soient rasés trois fois par semaine et particulièrement les jours où ils doivent être de service ; que leurs cheveux soient coupés fréquemment et tenus courts, surtout en été.

Rassemblement de la compagnie.

140. Toutes les fois que la compagnie doit s'assembler, le sergent de section se rend de bonne heure dans les chambres de sa section, et veille à ce que les hommes s'apprêtent.

Rapport à l'officier de section.

141. Il fait verbalement son rapport à l'officier de section, lorsque celui-ci vient au quartier. Il s'informe des mutations journalières, des pertes ou dégradations d'effets, ainsi que des réparations à faire. Il prend ses ordres, avant de demander au sergent-major les bons nécessaires.

SERVICE DE SEMAINE.

Le sergent de semaine est aux ordres de l'officier de semaine.

142. Le sergent de semaine est particulièrement aux ordres de l'officier de semaine ; il assure, sous l'autorité de ce dernier, l'exécution des détails de service, la police et la discipline ; il lui fait des rapports verbaux, ainsi qu'au sergent major ; il aide et supplée ce dernier dans le service journalier.

Appels ; visite de chirurgiens.

143. Il assiste à tous les appels, et se place à

côté du sergent-major, afin de répondre pour les hommes de service et pour les malades à la chambre ; il fait lui-même les appels lorsque le sergent-major ne s'y trouve pas.

Il passe dans les chambres après le réveil, se fait rendre compte de l'appel du matin, et en informe le sergent-major; il lui donne le nom des malades et le numéro de leurs chambres.

Autant que possible, il se trouve à la visite du chirurgien; il reçoit de lui les billets d'entrée à l'hôpital ou à l'infirmerie, et les exemptions de service ou d'instruction ; il les remet au sergent-major, et en rend compte à l'officier de semaine à l'appel de onze heures.

Rassemblement des classes d'instruction et des corvées.

144. Il fait rassembler par le caporal de semaine les hommes commandés pour les classes d'instruction et pour les corvées ; il en passe l'inspection.

Inspection des hommes de service.

145. Une demi-heure avant le rassemblement de la garde, il inspecte dans les chambres les hommes de service et de piquet ; il est responsable de leur bonne tenue; il inspecte de même les hommes commandés de détachement.

Garde montante.

146. Il se trouve à la garde montante ; il y reçoit du sergent-major les noms des hommes qui doivent être de service le lendemain ; il passe dans les chambres pour les commander s'ils n'ont pu l'être à l'appel, et pour transmettre les ordres donnés au cercle.

Prêt.

147. Il veille à l'emploi que le caporal fait du prêt, et vérifie souvent les prix et la qualité des achats de toute espèce. Il s'informe souvent chez les marchands s'il ne leur est rien dû.

Détenus et malades à l'infirmerie.

148. Il tient la main à ce que les hommes de la compagnie, détenus dans les salles de police ou dans les prisons du quartier, ainsi que les malades à l'infirmerie, soient rasés deux fois par semaine par le perruquier de la compagnie, et à ce que, le dimanche, il leur soit fourni du linge blanc par les soins de l'ordinaire ; il en est responsable.

Surveillance pour la propreté du quartier.

149. Il s'assure que les corridors et les escaliers sont balayés tous les jours ; le samedi, il les fait nettoyer à fond.

Cas où le sergent de semaine est forcé de s'absenter.

150. Il ne peut s'absenter du quartier, même

pour le service, sans l'autorisation de l'adjudant
de semaine ; il se fait alors remplacer par le caporal de semaine.

CHAPITRE XVI

FOURRIER

Fonctions générales.

151. Le fourrier est aux ordres immédiats du
sergent-major ; il tient, sous la direction de celui-ci, tous les registres, et fait les écritures et
les états relatifs aux détails de la compagnie.

Il est chargé du casernement.

Il remplace au besoin le sergent-major pour les
réceptions et les distributions d'effets d'habillement, de grand et de petit équipement et d'armement.

Il se trouve aux exercices de détail et aux manœuvres.

Corvées et distributions.

152. Il fait connaître au caporal de semaine le
nombre d'hommes à fournir pour les corvées ; il
aide à leur rassemblement.

Il reçoit les distributions ; il est responsable de
toute erreur ; il ramène au quartier les hommes
de corvée et fait la répartition de ce qu'il a reçu.

Livres d'ordres.

153. Il est responsable de la régularité du livre

d'ordres ; il le communique, dès qu'il y a de nouveaux ordres, aux officiers de la compagnie, dont la signature justifie qu'il le leur a présenté.

Fourrier de semaine.

154. Dans chaque bataillon, un fourrier est chargé, pendant une semaine, de seconder l'adjudant dans l'établissement du rapport journalier, et de remettre au major les rapports des compagnies et les pièces à l'appui des mutations.

Il communique au chef de son bataillon, à l'adjudant-major et au chirurgien, les ordres qui sont inscrits sur le livre d'ordres du bataillon.

Il peut encore être chargé de réunir et de conduire chaque jour, à l'heure indiquée, les malades du bataillon qui doivent entrer à l'hôpital.

Caporal adjoint au fourrier.

155. Un caporal est désigné pour remplacer le fourrier, lorsqu'il est absent, et pour le seconder dans ses fonctions, lorsque l'effectif de la compagnie le rend nécessaire, ou que la compagnie est divisée.

Ce caporal n'est exempt habituellement que du service de semaine ; il l'est du service de place lorsque le fourrier est absent ; il se trouve aux exercices de détail et aux manœuvres.

CHAPITRE XVII

CAPORAUX

Devoirs géneraux.

156. Les caporaux doivent donner l'exemple de la bonne conduite, de la subordination et de l'exactitude à remplir leurs devoirs.

Ils surveillent les soldats en tout ce qui tient au bon ordre et à la tranquillité publique ; ils sont particulièrement chargés de tout ce qui est relatif au service, à la tenue, à la police, à la discipline de leur escouade.

Ils doivent user au besoin des moyens de répression que la présente ordonnance leur accorde, et, si ces moyens sont insuffisants, en appeler à l'autorité de leurs supérieurs ; mais ils ne doivent jamais oublier que la manière la plus sûre de se faire respecter et obéir, est de se conduire envers leurs subordonnés avec fermeté et douceur, sans familiarité ni brusquerie.

Le jour du prêt, avant l'appel de onze heures, ils reçoivent du sergent-major, pour les hommes de leur escouade, les centimes de poche du prêt échu ; ils les leur distribuent immédiatement ; il ne peut y être fait d'autre retenue que celle qui est prescrite pour les hommes punis.

Ils forment les recrues de leur chambrée aux

INFANTERIE.

7

détails du service intérieur ; ils leur enseignent le paquetage et la manière d'entretenir dans le plus grand état de propreté leurs armes et leurs effets d'habillement et d'équipement.

Ils alternent dans chaque compagnie pour le service de semaine ; ils roulent sur tout le régiment pour les gardes, les plantons et les corvées.

Ils sont exempts des corvées auxquelles les soldats sont assujettis.

CAPORAL DE CHAMBRÉE

Logement et casernement.

157. Le caporal loge avec les hommes de son escouade. En prenant une chambre, il reconnaît avec le fourrier, le nombre, l'espèce et la qualité des objets de casernement qu'elle contient ; il veille à leur conservation. Le fourrier en dresse l'état : le caporal le signe avec lui.

Devoirs au lever.

158. Au réveil, il fait lever les hommes de la chambrée et découvrir les lits ; il fait ensuite ouvrir les fenêtres pour renouveler l'air ; il fait l'appel, il en rend compte au sergent de semaine, ainsi que de l'heure de la rentrée des hommes qui n'étaient pas à l'appel du soir.

Il lui donne les noms des malades ; dans un cas grave, il va lui-même chercher le chirurgien-major. Pendant la nuit, il avertit le sergent de garde, qui envoie appeler le chirurgien par un homme de service.

Soins de propreté; hommes de service.

159. Il veille à ce que les soldats se nettoient la tête et se lavent le visage et les mains. Il fait faire les lits et mettre tous les effets dans l'état de propreté et d'arrangement prescrit. Il fait préparer les hommes commandés de service, et ceux qui sont désignés pour les classes d'instruction.

Un homme de corvée, commandé à tour de rôle parmi ceux de la chambrée, nettoie la table, les bancs, balaie la chambre, dépose les ordures dans le corridor, et enlève la poussière sur le râtelier d'armes et sur la planche à pain.

Police de la chambrée.

160. Le caporal de chambrée réprime tout ce qui se fait et se dit contre le bon ordre; il fait cesser les jeux lorsqu'ils occasionnent des querelles; il fait coucher les hommes ivres, et lorsqu'ils troublent l'ordre, il charge des hommes de la chambrée, et, au besoin, des hommes de garde, de les conduire à la salle de police.

Il empêche de fumer au lit, de battre les habits dans les chambres, de se servir des draps ou des couvertures pour s'essuyer, et de retirer de la paille des paillasses; il s'oppose à ce que les soldats se couchent sur les lits avec leurs souliers ; il veille à ce qu'ils ne placent aucun effet entre la paillasse et le matelas.

Rapports.

161. Il rend compte au sergent de semaine et à celui de la demi-section, des punitions qu'il a infligées, et de tout ce qui intéresse le service et la discipline.

En cas d'événement imprévu, tel que désertion, duel, vol, il en informe sur-le-champ un des sergents de la section, et, à leur défaut, le sergent de semaine ou le sergent-major.

Effets prêtés ; visite des sacs.

162. Il s'oppose à ce que les soldats se prêtent leurs effets d'habillement, de grand équipement et d'armement.

Quand il soupçonne un homme d'avoir vendu des effets ou d'en recéler de perdus ou de volés, il prévient le sergent-major, ou, à son défaut, le sergent de semaine, qui visite aussitôt le sac de cet homme, en présence du caporal et d'un soldat. On en agit de même à l'égard des hommes qui, ayant manqué à l'appel du soir, ne sont pas rentrés le matin.

Devoirs à l'appel du soir.

163. Le caporal de chambrée fait l'appel du soir

à haute voix, en présence de l'officier de semaine ou du sergent-major lorsqu'il passe dans les chambres.

Il empêche les soldtas de se servir de leur bonnet de police pour la nuit ; il ne permet de se couvrir avec les capotes que lorsque l'autorisation en a été donnée au rapport. Il s'assure que l'homme de corvée a rempli la cruche d'eau. Il fait éteindre la lumière au signal donné. S'il s'aperçoit qu'un homme soit sorti après l'appel, il en rend compte sur-le-champ au sergent-major.

Visite d'officiers.

164. Quand un officier entre dans une chambre, le caporal commande : *fixe ;* les soldats se lèvent, se découvrent s'ils sont en bonnet de police, gardent le silence et l'immobilité jusqu'à ce que l'officier soit sorti, ou qu'il ait commandé : *repos ;* si c'est un officier supérieur, le caporal commande : *à vos rangs ;* les soldats se placent au pied de leurs lits ; lorsqu'ils y sont, le caporal commande : *fixe.*

Tenue des chambres.

165. Le nom de chaque soldat est écrit sur une planchette placée à la tête de son lit ; il est écrit en outre au râtelier d'armes, sur une planchette de plus petite dimension, placée au-dessus de son fusil.

Le livret d'ordinaire et le cahier servant à l'inscription des quittances des fournisseurs sont suspendus à un clou au-dessus du lit du chef d'ordinaire.

Les effets sont placés sur la planche de la manière suivante :

L'habit plié en deux, la doublure en dehors ;

Les pantalons de toile, le pantalon de drap ;

La veste pliée en deux ; la capote pliée en quatre, la doublure également en dehors ;

Le bonnet de police, la houppette tournée extérieurement ;

L'étui d'habit, recouvrant les effets ;

Le sac par-dessus, fermé et contenant le linge blanc, la trousse et les effets de petite monture ; le linge sale dans la poche du sac.

Le shako sépare les effets de chaque homme ; s'il y a deux planches, le shako est placé sur la planche supérieure au-dessus du sac, le calot en dessus.

Les souliers sont accrochés, la semelle en dehors, à des clous placés au-dessous de la planche ; les brosses à souliers, renfermées dans un sac sont placées sur une planche supérieure, et à défaut de cette planche, suspendues près des souliers ;

Les fusils sont placés au râtelier, le chien abattu ;

Les gibernes, couvertes, sont suspendues à des

chevilles par leurs banderoles ; les sabres par leurs baudriers, la baïonnette dans son fourreau.

Quand les localités ne se prêtent pas complètement à toutes ces dispositions, on s'en rapproche le plus possible ; dans tous les cas, les chambres sont tenues uniformément dans l'ordre le plus favorable à la conservation des effets, et de manière à ce que les soldats puissent être promptement réunis avec armes et bagages.

Soins de propreté le samedi et le dimanche.

166. Le samedi, dans la journée, le caporal fait battre les couvertures et les matelas, laver les tables et les bancs, blanchir la buffleterie, nettoyer les armes, et mettre tout dans le plus grand état de propreté pour l'inspection du lendemain.

Le dimanche, il s'assure que tous les soldats mettent du linge blanc ; il veille également à ce qu'ils se lavent les pieds au moins une fois par semaine.

Le premier samedi de chaque mois, il fait nettoyer les vitres en dehors et en dedans.

« L'achat de cire jaune pour les tables et les « bancs est formellement interdit ; et pour la « propreté des chambrées, on doit s'en tenir rigoureusement aux prescriptions ci-dessus. (*Note ministérielle du 22 juillet 1850.*)

Entretien du linge et de la chaussure.

167. Il veille à ce que le linge soit raccommodé après le blanchissage, et à ce que la chaussure soit constamment tenue en bon état.

Cas d'absence.

168. En l'absence du caporal de chambrée, et à défaut d'un autre caporal logé dans la même chambre, son autorité et sa responsabilité passent au plus ancien soldat.

CAPORAL CHEF D'ORDINAIRE.

Vérification du livret d'ordinaire.

169. La veille du prêt, le caporal chef d'ordinaire présente à la vérification de l'officier chargé de la surveillance de l'ordinaire, le livret servant à l'inscription des recettes et des dépenses.

Prêt.

170. Chaque jour, il porte le livret d'ordinaire au sergent-major, qui y inscrit la somme revenant à l'ordinaire, en raison du nombre d'hommes qui y mangent ce jour-là, et l'à-compte remis par le capitaine pour les dépenses du lendemain.

A l'expiration du prêt, les autres articles de recette provenant des punitions, des services payés, des travailleurs, etc., sont inscrits au livret d'ordinaire par le sergent-major, et le compte des recettes et dépenses est réglé entre lui et le caporal.

Il n'est jamais fait de décompte sur l'argent de l'ordinaire : ce qui n'a pas été consommé dans un prêt est reporté au prêt suivant.

Toutes les subsistances, excepté le pain de munition, sont en commun ; il en est de même des ingrédients pour blanchir la buffleterie, nettoyer les armes, cirer les gibernes, les souliers et les shakos, laver les pantalons de toile, soit qu'on emploie ces ingrédients en commun, soit qu'on les distribue à chaque homme.

Police des repas.

171. Aucun caporal ou soldat ne peut être dispensé de manger habituellement à l'ordinaire, qu'en vertu d'une permission du capitaine, qui en rend compte au rapport. Cette permission ne peut être refusée à l'homme marié dont la femme a obtenu l'autorisation de rester au régiment.

Le caporal d'ordinaire veille à ce que la distribution des aliments se fasse avec une exacte justice.

Corvée de soupe; soupe portée à l'extérieur ou mise à part.

172. Le caporal commande à tour de rôle les

soldats pour faire la soupe. Les cuisiniers sont toujours en blouse ou sarrau, et en pantalon de cuisine.

Le caporal fait porter la soupe aux hommes de garde; il fait conserver chaude celle des hommes de service lorsqu'ils ne peuvent la manger qu'à leur retour.

Il fait mettre de côté les subsistances des détenus.

Il n'est pas conservé de soupe pour les hommes qui ne sont pas présents à l'heure prescrite; il est défendu d'en mettre à part, si ce n'est pour les sous-officiers qui seraient forcés de vivre à l'ordinaire.

Achats.

173. Le chef d'ordinaire achète des denrées saines et nourrissantes, et dont les prix sont des moins élevés; la viande de bœuf réunissant ces conditions, est habituellement la seule en usage; il en est mis à l'ordinaire, autant que possible, 250 grammes par homme.

Lorsque le caporal va faire les achats, il est en tenue du jour; il est accompagné par un soldat en tenue de corvée, qui a la faculté de débattre les prix et d'aller à d'autres marchands, et qui rapporte les provisions. A son retour, le caporal inscrit les dépenses sur le livret d'ordinaire; en présence du soldat dont il mentionne le nom.

Les fournisseurs doivent être payés comptant et en présence de l'homme de corvée; il est défendu au chef d'ordinaire d'acheter à crédit; le cahier des quittances doit chaque jour justifier des paiements faits aux bouchers, boulangers et épiciers. Toute remise, tout arrangement illicite entre les fournisseurs et le chef d'ordinaire sont absolument interdits; ils entraînent le changement immédiat du premier et la punition sévère du second; le caporal encourt toujours la suspension, et, au besoin, la cassation; si son nom figure sur le tableau d'avancement, il en est rayé.

Lorsque le chef d'ordinaire est de service, il est remplacé par un caporal de l'ordinaire, désigné à l'avance par le capitaine.

Surveillance à l'égard du cuisinier.

174. Le caporal d'ordinaire veille à ce que le cuisinier fende le bois dans la cour, et remette les ustensiles de cuisine dans le plus grand état de propreté, au cuisinier qui le relève.

Le chauffage et les légumes sont placés dans un endroit de la cuisine où ils ne puissent pas gêner; la viande est pendue à l'air et garantie du soleil et des mouches.

SERVICE DE SEMAINE

Corvées ; consignés ; classes d'instruction.

175. Le caporal de semaine est chargé de commander et de réunir les hommes pour les corvées et les distributions. Il se trouve à la garde montante ; il aide le sergent de semaine dans la réunion des classes d'instruction ; il assiste aux appels des consignés ; il présente ceux de sa compagnie au sergent de garde.

Le contrôle de la compagnie lui est remis par le caporal qu'il relève.

Propreté du quartier.

176. Une demi-heure après le réveil, il rassemble les hommes de corvée pour leur faire nettoyer les corridors et les escaliers ; il les conduit au sergent de garde lorsqu'ils doivent nettoyer les cours ; il veille à ce qu'ils soient dans la tenue prescrite pour les corvées.

Détenus.

177. Il est habituellement chargé de conduire à la salle de police les hommes qui y sont condamnés, de les en faire sortir pour le service, l'instruction ou les corvées, et de les y faire rentrer ensuite.

Aux heures de la soupe, il fait réunir les subsistances des détenus ; il conduit au sergent de garde l'homme de corvée qui les porte.

Cas où le caporal de semaine s'absente du quartier.

178. Il ne sort pas du quartier, même pour le service, sans l'autorisation du sergent de semaine. Lorsque celui-ci est absent, il le remplace.

CHAPITRE XVIII

GRENADIERS ET VOLTIGEURS.

Comment choisis.

179. Les grenadiers et les voltigeurs sont choisis par le colonel, sur la présentation des chefs de bataillon, parmi les hommes admis à l'école de bataillon, que leur vigueur, leur intelligence, leur adresse au tir, leur taille ou leur agilité rendent propres à ce service, et qui ont mérité cette distinction par leur valeur, leur conduite et leur tenue. En temps de paix, ils doivent avoir au moins six mois de service. A la guerre un acte d'intrépidité, une bravoure soutenue dispensent de l'ancienneté.

Les sous-officiers et les caporaux des compagnies d'élite sont choisis par le colonel dans toutes les compagnies du régiment indistinctement, et après avoir pris l'avis du lieutenant-colonel.

Les grenadiers et les voltigeurs ne font d'autres corvées que celles de leur compagnie, et des escaliers et corridors qui leur sont communs avec d'autres compagnies. Ceux qui sont consignés ou détenus à la salle de police font les corvées du quartier.

CHAPITRE XIX

TAMBOURS, CLAIRONS ET MUSICIENS.

Police et instruction.

180. Les tambours et les clairons sont, pour le service, sous les ordres du tambour-major, et des caporaux-tambours et caporaux-clairons ; ils sont soumis à la police des chambrées dans lesquelles ils logent.

Le tambour-major est chargé d'instruire les tambours aux batteries de l'ordonnance ; l'instruction des clairons est confiée au chef de musique, qui est tenu de leur enseigner les éléments de la musique ; l'un et l'autre en rendent compte à l'officier chargé de cette surveillance.

Quand des troupes de différents corps occupent le même quartier, les tambours-majors prennent les ordres de leurs colonels, pour ajouter aux batteries un signal distinctif, qui empêche que le service ne soit confondu entre les corps.

Appels et garde montante.

181. A l'appel de onze heures, le tambour-major aidé des caporaux-tambours et caporaux clai-

rons passe l'inspection des tambours et clairons ; aussitôt après que les compagnies ont rompu les rangs, il fait rappeler pour le rassemblement de la garde.

Le matin, il se trouve au rapport général ; il reçoit par l'adjudant de semaine les ordres qui sont donnés extraordinairement.

Chaque fois que le régiment se réunit, le tambour-major et les caporaux-tambours font l'appel des tambours et clairons de leurs bataillons ; le tambour-major le rend, au cercle, au capitaine de semaine.

Retraite.

182. Avant l'heure fixée pour la retraite, le tambour-major réunit au quartier les tambours et les clairons, et les conduit sur la place d'armes.

Service et corvées.

183. Les tambours de fusiliers roulent entre eux pour le service ; dans l'infanterie légère, les tambours et les clairons des compagnies de chasseurs roulent ensemble ; le tambour-major les commande d'après le rang des compagnies dans l'ordre de bataille, en commençant par le plus ancien de chaque compagnie.

Les tambours de grenadiers et les clairons de voltigeurs roulent ensemble ; ces clairons sont placés de préférence aux postes composés, en tout ou en partie, de voltigeurs.

Il y a tous les jours un tambour ou un clairon de service au corps-de-garde de police, pour faire toutes les batteries ou sonneries.

Les tambours ou les clairons sont exempts des corvées de la compagnie; ils font celles de la chambrée.

Musiciens.

184. Les musiciens, gagistes ou autres, sont subordonnés au chef de musique, qui répond de leur instruction, de leur tenue et de leur discipline. Le chef de musique est, à cet effet, sous la direction spéciale d'un officier désigné par le colonel.

Les musiciens se trouvent à l'appel de onze heures et à la garde montante, toutes les fois que l'ordre en est donné; à l'appel du soir, le chef de musique en fait l'appel, et le rend à l'adjudant de semaine.

En l'absence du chef de musique, son autorité est exercée par le caporal de musique.

Cas de partage du régiment.

185. Quand le régiment est divisé, le tambour-major et la musique restent avec le colonel; les caporaux-tambours et les caporaux-clairons suivent leurs bataillons: les tambours et les clairons marchent avec leurs compagnies respectives.

CHAPITRE XX

COMPAGNIE HORS RANG

Dispositions générales.

186. Le nombre des soldats qui font partie de la compagnie hors rang peut, selon les besoins, être augmenté ou diminué par des mutations entre elle et les autres compagnies du régiment; ces mutations sont autorisées par le colonel sur la proposition du major et l'avis du lieutenant-colonel.

Autant que possible, il n'est reçu dans la compagnie hors rang que des hommes admis au bataillon.

Cette compagnie est soumise, pour la police, la tenue et l'ordinaire, aux mêmes règles que les autres compagnies. Les hommes qui la composent vont aux distributions et font les corvées de leur compagnie; ils sont habituellement exempts de service et des corvées du quartier.

Inspection et instruction.

187. Le dimanche, la compagnie hors rang se trouve en tenue à l'inspection du régiment; elle se place à la gauche; elle est ensuite exercée par ses officiers et sous-officiers. Cet exercice a lieu deux et même trois fois par semaine, lorsque le travail des ateliers le permet. Dans ce dernier cas, la compagnie se trouve quelquefois aux marches militaires.

Lorsque les sous-officiers et les caporaux, les soldats de la compagnie hors rang font entretenir leurs effets par des soldats des bataillons, ils leur paient 1 franc 50 centimes par mois.

Salaire des ouvriers aux ateliers; versement aux masses individuelles.

188. Le tarif des salaires à payer aux ouvriers des ateliers par les maîtres ouvriers, est arrêté par le conseil d'administration sur la proposition du major.

Si leur masse individuelle n'est pas complète, il est exercé sur le produit de leur travail une retenue déterminée par le major.

CHAPITRE XX

VAGUEMESTRE

Fonctions.

189. « Le vaguemestre est sous la surveillance
« immédiate du major. Muni d'une commission du
« conseil d'administration, il retire de la poste
« aux lettres, paquets, argent et effets adressés
« au conseil, ainsi qu'aux officiers, sous-officiers
« et soldats ; il en est responsable ; il les distribue
« immédiatement et sans aucune rétribution en
« sus de la taxe.

« Les commissions des vaguemestres doivent être
« visées par le sous-intendant militaire chargé de
« la surveillance administrative du corps, ainsi
« qu'il est prescrit par le règlement du 1er mars
« 1823, sur le service des postes militaires. »
(2e série 1834, p. 45, et 1re 43, p. 227.)

Registre.

190. Il tient un registre divisé en deux parties;
la première sert à enregistrer les titres qui lui
sont confiés pour retirer de la poste les lettres
chargées, l'argent adressé aux officiers, aux sous-
officiers et soldats, et à justifier de la remise qu'il
en a faite; la signature du directeur de la poste
constate la recette du vaguemestre, et celle des
militaires opère sa décharge. La seconde partie
est destinée à constater les divers chargements de
lettres et de fonds qu'il fait de la part des militaires
du régiment.

Ce registre est côté et paraphé par le major et
conforme au modèle H; le major le vérifie tous les
lundis.

« Les vaguemestres des détachements, comme
« ceux des corps entiers, doivent toujours être
« munis du registre prescrit ci-dessus. Ce registre
« doit être visé par le sous-intendant militaire.

« Dans les fractions de corps ou détachements
« où il n'existe pas de major, la vérification du

« registre du vaguemestre a lieu, tous les lundis,
« par les soins de l'officier commandant la frac-
« tion de corps ou le détachement.

« Dans les portions de corps et détachements
« qui sont en route, ou stationnés loin de leur
« régiment, si le sous-officier vaguemestre est mis
« dans l'impossibilité de continuer ses fonctions,
« il est provisoirement suppléé par un autre sous-
« officier, choisi et commissionné par l'officier
« commandant le détachement.

« Cette commission provisoire doit être égale-
« ment soumise au *visa* d'un sous-intendant mili-
« taire, et faire mention du cas d'urgence. (2ᵉ s.
« 1834 p. 45, et 1. 43, 227). »

Boîtes aux lettres.

191. Il est placé près du corps-de-garde de police une boîte aux lettres dont le vaguemestre a la
clef ; l'heure de la levée des lettres est indiquée
par une affiche. Le vaguemestre passe chez le colonel dans les bureaux du major, du trésorier et
de l'officier d'habillement pour y prendre les dépêches.

Remise des lettres et de l'argent.

192. Il remet d'abord au colonel les lettres à
son adresse et à celle du conseil d'administration.

Il porte ensuite à domicile celles du major, du

trésorier, de l'officier d'habillement et des officiers supérieurs; il porte de même à tous les officiers l'argent qu'il reçoit pour eux.

A l'appel de onze heures ou à celui qui suit l'arrivée du courrier, il distribue aux sergents-majors les lettres des officiers, s'il n'a pu les leur remettre lui-même, et celles des sous-officiers et soldats; les lettres chargées et l'argent reçus pour les caporaux et les soldats leur sont remis directement par le vaguemestre, en présence du sergent de semaine qui signe avec eux au registre du vaguemestre, et qui en informe l'officier de semaine. Si ces militaires ne savent pas écrire, ils font une croix, et l'officier et le sergent de semaine signent au registre pour certifier que le paiement a été fait.

Le sergent-major de la compagnie hors rang reçoit les lettres des officiers de l'état-major, des sous-officiers et soldats du petit état-major.

Le vaguemestre donne à l'adjudant de semaine un état signé par le directeur de la poste, et constatant les différentes sommes ainsi que les lettres chargées qu'il a reçues pour les sous-officiers, les caporaux et les soldats. Cet état est annexé au rapport. L'adjudant en donne lecture aux sergents-majors qui en rendent compte à leurs capitaines et aux officiers de semaine. Si le vaguemestre ne reçoit aucun article d'argent, il remet à l'adjudant

un état négatif également signé par le directeur
de la poste.

Lettres de rebut; argent adressé aux absents.

193. « Les lettres de rebut sont rendues par le
« vaguemestre à la poste, sans avoir été décache-
« tées, après que le motif du refus a été inscrit au
« dos ; le port en est remboursé par le directeur
« de la poste. Si la lettre est décachetée, le port
« reste à la charge de celui qui l'a ouverte.

« Les sommes et reconnaissances de versements
« adressées à des militaires qui sont décédés, qui
« n'appartiennent plus au corps, ou qui en sont
« absents, doivent être rendues au directeur de la
« poste, lequel, suivant le cas, les fait parvenir
« aux ayants droit ou les tient à leur disposition.

« Le délai pour la remise à la poste des lettres
« et sommes non distribuées et des reconnaissan-
« ces de versement, est de huit jours. » (*Décret du
22 juin 1851, 4, 51, 602.*)

Réclamations.

194. Les capitaines veillent soigneusement à ce
que la remise des lettres et de l'argent adressés aux
sous-officiers et soldats sous leurs ordres, soit faite
avec une scrupuleuse exactitude. S'il y a des réclamations, il les transmettent au major qui y fait
droit sur-le-champ. Si des infidélités ont été com-

mises, le major en rend compte au colonel, qui fait punir les coupables suivant les lois.

TITRE II

DEVOIRS GÉNÉRAUX ET COMMUNS AUX DIVERS GRADES

CHAPITRE XXII

RAPPORT JOURNALIER [1]

193. Tous les matins, les sergents-majors présentent à leur capitaine le rapport des vingt-quatre heures, contenant la situation de compagnie, les demandes et punitions des sous-officiers, des caporaux et soldats, et toutes les mutations (*modèle I.*)

Le capitaine vérifie et signe le rapport après y avoir ajouté les demandes des officiers de la compagnie, ainsi que ses observations.

Les sergents-majors remettent à l'adjudant de

---

[1] La réception du rapport journalier a lieu dans la salle de théorie; dans aucun cas, il ne peut être affecté dans les bâtiments militaires un local particulier pour cette partie du service.

(*Décision ministérielle du 2 avril 1834.*)

leur bataillon ces rapports et les pièces à l'appui des mutations, au moins une heure avant celle de la réunion du rapport.

Chaque adjudant, secondé par le fourrier de semaine, établit le rapport de son bataillon, le signe et l'envoie à l'adjudant de semaine (*modèle K*). Le fourrier en fait une seconde expédition pour le chef de son bataillon ; à l'heure indiquée, il porte au major les rapports des compagnies avec les pièces à l'appui de mutations. Le major, après avoir vérifié les mutations, vise les rapports, et les envoie au trésorier avec les pièces.

Lorsque l'adjudant de semaine a reçu tous les rapports, il établit la situation du régiment, en portant à la suite de celle du premier bataillon le total de la situation de chacun des autres bataillons ; il inscrit au dos le relevé du rapport de la garde de police.

A l'heure fixée, l'adjudant major fait battre pour le rapport. Le capitaine et l'adjudant-major de semaine, le chirurgien-major, l'adjudant de semaine, les sergents-majors et le tambour-major se réunissent dans la salle du rapport. Le chef de bataillon de semaine s'y trouve, prend connaissance des rapports, et recueille tous les renseignments nécessaires ; le capitaine de semaine lui rend compte de ce qui s'est passé dans les vingt-quatre heures.

A l'arrivée du lieutenant-colonel, les rapports sont lus à haute voix par l'adjudant-major ou l'adjudant. Le lieutenant-colonel fait inscrire par l'adjudant-major sur le rapport du premier bataillon les demandes des officiers de l'état-major; il se rend ensuite chez le colonel, accompagné du chef de bataillon, du capitaine, de l'adjudant-major et de l'adjudant de semaine. Le major s'y rend directement.

Le lieutenant-colonel rend compte au colonel des punitions infligées aux officiers, et prend ses ordres.

Le colonel prononce sur tous les objets contenus au rapport, et donne tous les ordres relatifs au service.

L'adjudant-major fait prendre par l'adjudant et prend lui-même une note écrite de toutes les décisions du colonel; l'adjudant retourne sur-le-champ au quartier pour les communiquer aux sergents-majors; il informe les autres adjudants des ordres qui concernent leur bataillon; les adjudants en instruisent de suite leur chef de bataillon, et lui remettent la copie du rapport du bataillon; ils préviennent l'adjudant-major et le chirurgien des ordres qui les regardent. Le trésorier et le porte-drapeau sont prévenus par l'adjudant de semaine, verbalement ou par écrit.

Les sergents-majors vont rendre compte aux capitaines des décisions du colonel; ils font communiquer aux officiers de la compagnie, par le sergent ou par le caporal de semaine, les ordres qui concernent ces officiers.

Le rapport de la compagnie hors rang est conforme à celui des autres compagnies; il est signé par l'officier d'habillement, et présenté au trésorier qui inscrit au dos les mutations du grand état-major. Ce rapport est transmis sur celui du premier bataillon; si le régiment est divisé, la compagnie hors rang figure sur le rapport du bataillon qui se trouve avec l'état-major.

Quand l'intérêt du service ne s'y oppose pas, le lieutenant-colonel peut, quelquefois avec l'agrément du colonel, être suppléé au rapport par le chef de bataillon de semaine; l'adjudant-major lui donne alors communication des décisions du colonel. Lorsque le lieutenant-colonel est absent, ses fonctions au rapport sont remplies par le chef de bataillon de semaine.

Lorsque le régiment occupe plusieurs casernes, un adjudant ou un sergent-major par caserne accompagne le lieutenant-colonel chez le colonel, afin de recevoir de l'adjudant de semaine les décisions sur le rapport et les ordres donnés par le colonel, et les communiquer immédiatement aux sergents-majors des compagnies logées avec lui.

CHAPITRE XXIII

MARQUES EXTÉRIEURES DE RESPECT[1]

Devoirs généraux.

196. Tout militaire doit en toutes circonstances, même hors du service, de la déférence et du respect aux grades qui sont supérieurs au sien, quels que soient l'arme et le corps auxquels appartiennent ceux qui en sont revêtus.

L'inférieur prévient le supérieur en le saluant le premier, le supérieur rend le salut.

Formes de salut.

197. Le salut des officiers consiste à porter la main droite au shako, ou à se découvrir lorsqu'ils sont en bonnet de police.

Les sous-officiers et les soldats saluent en portant la main droite au côté droit de la visière du shako ou du turban du bonnet de police, la paume de la main en dehors, le coude à la hauteur de l'épaule.

---

[1] Les chirurgiens-majors étant subordonnés aux officiers supérieurs, doivent se conformer aux prescriptions des articles 196 et 197 ci-dessus qui leur sont applicables.

Les aides-majors étant égaux aux lieutenants et par conséquent les inférieurs des capitaines, doivent le premier salut.

(Solution ministérielle du 20 février 1835.)

Tout sous-officier ou soldat qui est assis, se lève pour saluer un officier et se tourne de son côté.

Le salut ne se renouvelle pas dans une promenade ou dans tout autre lieu public.

Lorsque les officiers sont en shako, ils ne se découvrent chez leur supérieur qu'après l'avoir salué; les sous-officiers et les soldats ne se découvrent que lorsque le supérieur les y autorise.

Tout sous-officier ou soldat parlant à un officier prend une attitude militaire; s'il est en bonnet de police, il le tient à la main jusqu'à ce que l'officier l'autorise à se couvrir.

« Les marques de respect sont dues par les sous-« officiers, caporaux et soldats, aux officiers en « uniforme, en toutes circonstances et sans au-« cune distinction de tenue, d'arme ou de grade. » (*Décision du 15 janvier 1847.*)

Salut à l'égard des officiers de l'intendance militaire et des fonctionnaires civils.

198. Les officiers de l'intendance militaire ont droit au salut des militaires, suivant leur rang d'assimilation. Y ont encore droit les fonctionnaires civils en costume, et les officiers de santé militaires.

Plantons et ordonnances.

199. En passant près des officiers, les plantons et les sous-officiers et soldats envoyés en ordon-

nance portent l'arme dans le bras droit sans s'arrêter. Quand ils sont chargés d'une dépêche, ils la
remettent de la main gauche, et vont attendre à
quelques pas de distance, et reposés sur l'arme,
la réponse ou le reçu. Si la dépêche est remise à
un officier général ou supérieur, le planton présente l'arme, la contient de la main gauche, et
remet la dépêche de la main droite.

CHAPITRE XXIV

VISITES DU DIMANCHE; VISITES DE CORPS.

200. Le corps d'officiers se rend le dimanche
chez le commandant du régiment, à moins que
celui-ci n'en ordonne autrement.

Le lieutenant et le sous-lieutenant de chaque
compagnie se réunissent chez le capitaine, qui se
rend avec eux chez le chef de leur bataillon ; l'adjudant-major s'y rend aussi. Le chef de bataillon
les conduit chez le colonel.

Le major, les officiers comptables, le porte-
drapeau et les chirurgiens se réunissent chez le
lieutenant-colonel, qui les conduit chez le colonel.

Toutes les fois que les localités ou le service
rendent difficile l'ordre hiérarchique dans les visites, le colonel en dispense plus ou moins. Lorsqu'il ne peut recevoir le corps d'officiers, il peut

ordonner que chaque chef de bataillon reçoive les officiers de son bataillon.

Il est fait des visites de corps aux personnes qui y ont droit d'après le règlement sur les honneurs et préséances. Elles ne sont faites en grande tenue de service qu'aux princes du sang, aux ministres, aux maréchaux de France, aux lieutenants-généraux et aux maréchaux de camp, dans l'étendue de leur commandement ou dans leur arrondissement d'inspection, au commandant de la place, dans sa place, à l'intendant militaire, *soit* dans sa résidence, *soit en tournée administrative, soit quand il remplit près d'un corps une mission ministérielle* 1, et enfin au colonel lorsqu'il vient prendre le commandement du régiment.

Les officiers supérieurs et les capitaines ont également droit à une visite en grande tenue de la part des officiers qui sont sous leurs ordres immédiats, le jour où ils sont reçus dans leur emploi.

CHAPITRE XXV

MODE DE RÉCEPTION DES OFFICIERS, DES SOUS-OFFICIERS ET CAPORAUX.

Nominations mises à l'ordre.

201. Les nominations d'officiers, de sous-offi-

---

1 Les mots en caractère italique sont une modification approuvée par le roi le 8 juillet 1835.

ciers et de caporaux, ainsi que l'admission des officiers, des sous-officiers, des caporaux et soldats dans les compagnies d'élite, sont mises à l'ordre du régiment.

Réception des officiers.

202. Les officiers sont reçus de la manière suivante :

Le colonel par le maréchal de camp commandant la brigade ou la subdivision militaire ;

Les officiers supérieurs et les capitaines de compagnie par le colonel ;

Les adjudants-majors et le porte-drapeau par le lieutenant-colonel ;

Les lieutenants et les sous-lieutenants par le chef de leur bataillon ;

Les officiers comptables par le major.

A défaut des officiers ci-dessus désignés pour procéder aux réceptions, les officiers du grade immédiatement inférieur les suppléent ; le major est suppléé par le chef de bataillon de semaine.

Pour la réception du colonel et celle du lieutenant-colonel, le régiment est en grande tenue avec le drapeau.

Les chefs de bataillon et le major sont reçus devant le régiment en grande tenue, sans le drapeau ; le chef de bataillon qui doit être reçu se place vis-à-vis du centre de son bataillon ; les officiers de ce bataillon sont en hausse-col. Le major se place vis-à-vis du centre du régiment.

Les capitaines et les adjudants-majors sont reçus devant le bataillon dont ils font partie; le capitaine se place vis-à-vis de sa compagnie; l'adjudant-major vis-à-vis du centre du bataillon.

Les lieutenants et les sous-lieutenants sont reçus devant leur compagnie.

Lorsqu'un officier passe dans une compagnie d'élite, la réception a lieu de la même manière.

Les officiers comptables sont reçus devant la compagnie hors rang, à laquelle se réunissent les sergents-majors et les fourriers.

Le porte-drapeau est reçu la première fois que le corps prend les armes avec le drapeau.

L'officier qui doit être reçu se place à la gauche de celui qui le fait recevoir; l'un et l'autre mettent le sabre ou l'épée à la main; ils font face à la troupe. Celui qui reçoit fait porter les armes et ouvrir un ban; il prononce à haute voix la formule suivante :

(Pour la réception du colonel.) *De par le Roi, officiers, sous-officiers, caporaux et soldats, vous reconnaîtrez pour colonel M...., et vous lui obéirez en tout ce qu'il vous commandera pour le bien du service et pour l'exécution des règlements.*

Quand l'officier qui procède à la réception est d'un grade inférieur à celui qu'il reçoit, il se

placé à sa gauche et substitue les mots : *Nous re-
connaîtrons et nous lui obéirons*, à ceux, *vous reconnaîtrez et vous lui obéirez.*

Après la réception, les tambours ferment le ban.

Les officiers qui avancent en grade, sans changer d'emploi, ne sont pas reçus ; leur avancement
est annoncé par la voie de l'ordre. Il en est de
même de la nomination des chirurgiens.

Réception des sous-officiers et caporaux.

203. Les adjudants sont reçus à la garde montante par l'adjudant-major de semaine, en présence des sous-officiers de leur bataillon.

Les sergents-majors, les sergents, les fourriers
et les caporaux sont reçus par le capitaine la première fois que la compagnie prend les armes.

Les sous-officiers et les caporaux, passant dans
les compagnies d'élite, sont reçus de la même
manière.

Le tambour-major, les caporaux-tambours et
les caporaux-clairons, sont reçus à la garde montante par l'adjudant-major de semaine ; le tambour-major en face de tous les tambours et clairons, les caporaux en face des tambours et clairons
de leur bataillon.

La formule de réception est la même que pour
les officiers ; il n'est point ouvert de ban, seulement il est battu un roulement pour la réception

des adjudants. L'adjudant qui est reçu a le sabre à la main ; les sous-officiers et les caporaux portent l'arme dans le bras droit.

CHAPITRE XXVI

CONSIGNE GÉNÉRALE POUR LA GARDE DE POLICE.

Dispositions générales.

204. Il y a toujours au quartier une garde de police dont la force est déterminée suivant les localités ; elle défile au quartier.

Elle ne reçoit de consignes verbales et journalières que des officiers supérieurs, du capitaine, de l'adjudant-major ou de l'adjudant de semaine ; elle n'en reçoit d'écrites et de permanentes que du commandant du régiment.

Les devoirs généraux, prescrits par l'ordonnance sur le service des places sont applicables à la garde de police.

La consigne générale pour la garde de police est affichée dans le corps-de-garde.

DEVOIRS DU SERGENT DE GARDE.

Le sergent responsable du service.

205. Le sergent est responsable de la ponctualité avec laquelle le caporal et les sentinelles

remplissent leurs devoirs ; il leur fait souvent répéter leurs consignes. Il est chargé, sous les ordres de l'adjudant de semaine, de faire exécuter
toutes les batteries du service journalier.

Visites des salles de discipline et prisons; consignés.

206. Il visite matin et soir les salles de police,
la prison et le cachot; il reçoit les demandes des
détenus; il fait prévenir les officiers et les sous-
officiers auxquels les prisonniers désirent adresser des réclamations.

Il fait fréquemment l'appel des consignés.

Propreté du quartier.

207. Une demi-heure après le réveil, il rassemble les détenus et les consignés, et leur fait balayer les cours et les latrines. Lorsque leur nombre n'est pas suffisant, il demande des hommes de
corvée aux caporaux de semaine.

Surveillance de la tenue de la troupe.

208. Lorsqu'il n'y a pas à la porte du quartier
un sergent de planton chargé spécialement de
surveiller la tenue, cette surveillance appartient
au sergent de garde; il ne laisse sortir aucun
sous-officier, caporal ou soldat que dans la tenue
prescrite.

Étrangers entrant au quartier.

209. Lorsqu'un étranger se présente pour entrer au quartier, le sergent le fait conduire à l'un des adjudants. Il refuse l'entrée aux gens sans aveu et aux femmes qui lui paraissent suspectes.

Devoirs après la retraite.

210. A l'appel du soir, il fait fermer par le caporal les portes du quartier.

A dix heures, il fait faire le roulement pour éteindre les lumières; il indique dans son rapport les chambres dans lesquelles il a été obligé de passer pour les faire éteindre.

Pendant la nuit, il fait des rondes autour du quartier pour voir si tout est tranquille; il en fait faire quelquefois par le caporal.

Après l'appel, les caporaux et les soldats ne peuvent plus rentrer sans se présenter au sergent, qui retire leurs permissions. Les sous-officiers qui rentrent après cet appel doivent également se présenter à lui.

Secours du chirurgien-major.

211. Le sergent remet au chirurgien-major, lorsque celui-ci vient le matin faire sa visite au quartier, les billets que les sergents-majors ont fait déposer au corps-de-garde. Si dans la nuit, il est averti que quelqu'un ait besoin de prompts

secours, il envoie aussitôt appeler le chirurgien-
major ou un de ses aides par un homme de garde
intelligent.

La garde défère aux réquisitions de l'autorité.

212. Il fait marcher une partie de la garde sur
la demande de tout militaire en grade; il défère
aux réquisitions des officiers de police judiciaire
et civile, et même des habitants, lorsqu'il s'agit
de rétablir l'ordre et d'arrêter ceux qui le troublent. Dans aucun cas, il ne marche lui-même et
ne dégarnit son poste de plus de la moitié de sa
force.

Registres des rapports journaliers.

213. Il y a, dans chaque corps-de-garde de police, un registre destiné à l'inscription des consignes qui doivent durer plusieurs jours, des entrées
et des sorties des salles de discipline, des rentrées
au quartier après l'appel ou après les heures portées sur les permissions, des rondes, des patrouilles, et des événements qui doivent être men-
tionnés au rapport.

Ce registre est signé le matin par le sergent,
qui le porte à l'adjudant de semaine une demi-
heure après le réveil; l'adjudant le vise; le chef
de bataillon de semaine l'arrête le dimanche.

L'indication du logement des officiers du régiment et des chirurgiens est inscrite en tête de ce registre; l'adjudant de semaine y mentionne les changements à mesure qu'ils surviennent.

Garde de police commandée par un officier.

214. Lorsque la garde de police est commandée par un officier, cet officier assure, de concert avec l'adjudant-major de semaine, la tranquillité du quartier et l'exécution de la présente consigne; le sergent continue à être chargé, sous la surveillance de l'adjudant, des dispositions concernant les détenus, la propreté du quartier, la surveillance de la tenue, et l'exactitude des batteries.

DEVOIRS DU CAPORAL DE GARDE.

215. Dès que le caporal a pris possession du poste, il va reconnaître les salles de discipline et vérifier le nombre des détenus; il ne laisse entrer dans les salles et n'en fait sortir qui que ce soit sans l'ordre du sergent de garde. Il ne peut en confier les clefs qu'au sergent.

Il fait porter la soupe à tous les détenus en même temps; il est présent pendant qu'ils la mangent; il s'oppose à ce qu'il leur soit porté de la lumière, des pipes, du vin ou de l'eau-de-vie.

Il empêche les soldats de communiquer avec les détenus.

Il visite les salles de discipline matin et soir; il

reconnaît les dégradations, voit s'il n'y a pas de malades, fait vider les baquets, balayer et renouveler l'eau dans les cruches.

Les salles doivent être aérées deux fois par jour, en prenant les précautions nécessaires pour empêcher l'évasion des détenus.

DEVOIRS DU TAMBOUR DE GARDE.

216. Le tambour de garde exécute, sous la direction du sergent, toutes les batteries du service journalier, et celles qui sont ordonnées par les officiers supérieurs, le capitaine, l'adjudant-major ou l'adjudant de semaine. Les batteries du service journalier sont les suivantes :

Le matin, à l'heure fixée, un roulement pour le réveil et l'appel ;

Une demi-heure après, un roulement, suivi de la berloque et du rappel, pour la réunion des consignés et la corvée de propreté ;

A sept heures trois quarts, un roulement, suivi de quatre coups de baguette pour la réunion des sergents-majors et pour le rapport ;

A neuf heures, un roulement pour la soupe ;

A dix heures et demie, l'assemblée pour l'inspection des sergents de semaine ;

A dix heures trois quarts, le rappel des tambours ;

A quatre heures, en hiver, et à cinq heures pendant le reste de l'année, un roulement pour la soupe du soir ;

Un quart d'heure avant la retraite, le rappel des tambours ;

Une demi-heure après la retraite, trois roulements pour l'appel ;

A dix heures, un roulement pour éteindre les lumières.

Pour la réunion des sergents de semaine, un roulement suivi de trois coups de baguette ; pour celle des fourriers, un roulement suivi de deux coups de baguette ; pour celle des caporaux de semaine, un roulement suivi d'un coup de baguette ;

Pour l'appel des consignés, un roulement suivi du rappel ;

Pour le rassemblement du piquet, le rappel suivi de trois coups de baguette.

DEVOIRS DE LA SENTINELLE.

Alertes et honneurs.

217. Les sentinelles de la garde de police ont les mêmes alertes et rendent les mêmes honneurs que les sentinelles des postes de la place. Celle qui est devant les armes crie : *Hors la garde*, lorsque le colonel, ou l'officier supérieur qui commandé

en son absence, vient au quartier ; la garde sort
sans armes.

« Les sentinelles ne sont point obligées de ren-
« dre les honneurs à l'officier en tenue du matin,
« ni en aucune autre tenue, quand elle est cou-
« verte du caban ou du manteau, mais elles lui doi-
« vent les marques de respect, qui consistent,
« pour la sentinelle, à régulariser sa position, soit
« l'arme au bras, soit l'arme au pied, à garder
« l'immobilité et la main dans le rang quand l'offi-
« cier est à portée, c'est-à-dire à six pas au
« moins.

« Ces marques de respect sont dues par toutes
« les sentinelles à tous les officiers, sans distinc-
« tion de corps ni de grade. » (*Décision du 15 janvier 1847.*)

Paquets portés ou jetés hors du quartier.

218. La sentinelle placée à la porte du quartier
s'oppose à ce qu'aucun soldat sorte avec un paquet
ou un fusil sans être accompagné d'un caporal ;
elle ne laisse de même sortir aucun étranger, porteur d'armes ou effets, sans l'autorisation du sergent. Si on jette dehors un paquet, elle en avertit
le sergent ou le caporal de garde.

Propreté du quartier.

219. Elle ne permet pas de jeter ou de faire des

ordures près du poste ni dans l'intérieur du quartier.

Entrée d'étrangers au quartier; entrées et sorties après l'appel.

220. Elle ne laisse entrer aucun étranger, ni aucun militaire d'un autre corps, sans l'autorisa= tion du sergent ; après l'appel du soir, elle fait passer au corps de garde les militaires de tout grade qui rentrent au quartier ; elle empêche de sortir sans le consentement du sergent.

Lumières à faire éteindre.

221. Si elle aperçoit des lumières dans les chambres après la batterie pour les éteindre, elle en avertit le sergent.

CHAPITRE XVII

INSTRUCTION.

Officiers employés à l'instruction.

222. Le colonel est responsable de toutes les parties de l'instruction du régiment ; il exige que les ordonnances et les règlements soient ponc- tuellement suivis ; il ne permet, sous aucun pré- texte, qu'on s'écarte des principes qui y sont éta- blis ; il assiste aux instructions théoriques et pra- tiques aussi souvent que ses autres devoirs le lui permettent.

Le lieutenant-colonel est spécialement chargé des détails et de l'ensemble de l'instruction ; il dirige et surveille les officiers et les sous-officiers qui y sont employés ; il propose au colonel d'exempter des gardes et du service de semaine, en totalité ou en partie, ceux pour qui cette exemption est nécessaire. Lorsqu'il ne préside pas à l'instruction des recrues, il reçoit les rapports du chef de bataillon qui en est chargé ; dans tous les cas, il s'assure que les instructeurs ont pour les hommes de recrue la douceur et la patience avec lesquelles ces derniers doivent toujours être traités.

L'officier supérieur chargé de l'instruction des recrues a sous ses ordres un capitaine qui est exempt du service de la place et de celui de semaine. Ce capitaine peut être un adjudant-major ; il est changé tous les ans, ou au moins tous les deux ans. Lorsque le nombre des recrues est considérable, un capitaine dans chaque bataillon surveille leur instruction sous les ordres de l'officier supérieur. Dans les dépôts, un capitaine est désigné pour être l'instructeur des recrues sous la direction du major.

Les lieutenants et les sous-lieutenants, les sous-officiers et les caporaux employés à l'instruction des recrues, ne sont pas exempts du service de la place ; ils sont changés souvent, afin d'augmenter le nombre des instructeurs.

L'instruction théorique et pratique donnée aux officiers, aux sous-officiers et aux caporaux doit mettre chacun d'eux en état de remplir, au besoin, les fonctions du grade immédiatement supérieur.

Instruction théorique.

223. L'instruction théorique comprend :

La présente ordonnance sur le service intérieur ;

L'ordonnance sur l'exercice et les manœuvres ;

L'ordonnance sur le service des places ;

L'ordonnance sur le service de campagne ;

Le règlement sur l'entretien des armes et sur le tir à la cible ;

Les règlements sur l'administration militaire, en ce qui concerne les officiers et la troupe ;

La législation pénale militaire ;

Un cours élémentaire de fortification.

L'instruction théorique précède toujours l'application sur le terrain. Elle recommence chaque année un peu avant la reprise de l'instruction générale du régiment ; elle a habituellement lieu par bataillon.

Les chefs de bataillon font d'abord repasser aux officiers les écoles du soldat, de peloton, de bataillon et des tirailleurs, et ensuite les ordonnances sur le service intérieur, sur le service de place et sur celui de campagne.

Aucun officier ne peut passer d'une école à une autre que lorsqu'il est en état de l'exécuter et de la démontrer. Les officiers dont l'instruction est retardée forment une classe à part, confiée à un capitaine.

La théorie sur les évolutions de ligne est faite aux capitaines et aux adjudants-majors par le lieutenant-colonel; les chefs de bataillon y assistent; l'un d'eux supplée au besoin le lieutenant-colonel. Les lieutenants et les sous-lieutenants qui connaissent bien les trois premières écoles y sont admis.

La théorie sur l'exercice et les manœuvres, et sur les différents services, est faite aux sous-officiers par l'adjudant-major de leur bataillon, secondé au besoin par des lieutenants ou des sous-lieutenants; elle est faite aux caporaux par l'adjudant, qui peut de même être secondé par des sous-officiers.

Les soldats proposés pour l'avancement suivent les théories des caporaux; ils peuvent aussi former des classes séparées sous la surveillance d'un officier; le lieutenant-colonel se fait rendre fréquemment compte de leur application et de leurs progrès.

Les théories cessent en général après le 1er octobre; elles ne continuent que pour les officiers, les sous-officiers et les caporaux en retard.

Le major fait aux capitaines, aux lieutenants et aux sous-lieutenants une théorie sur l'administration et la législation militaires. Cette théorie a lieu plus particulièrement pendant l'hiver.

« En ce qui concerne les officiers des bataillons « actifs dans les régiments séparés de leurs dépôts, « la théorie sur l'administration est faite par le « lieutenant-colonel. » (1, 51, 171.)

La théorie sur l'administration est faite aux sergents-majors, aux fourriers et aux caporaux adjoints aux fourriers, par le trésorier ou par son adjoint.

Le lieutenant-colonel a la surveillance spéciale de la théorie d'armement; il y appelle le maître armurier lorsqu'il le juge à propos; il s'assure que le lieutenant d'armement, les sous-lieutenants qui lui sont adjoints, ainsi que l'officier adjoint à l'habillement, soient en état de la démontrer. Le lieutenant d'armement la fait aux lieutenants et aux sous-lieutenants réunis par bataillon; le chef du bataillon y assiste toujours; les sous-lieutenants adjoints la font, chacun dans leur bataillon, aux sous-officiers et aux caporaux. Le lieutenant-colonel examine fréquemment les uns et les autres; il dispense d'y assister ceux qui connaissent très-bien la nomenclature, le démontage et tous les soins à donner aux armes. Il surveille les théories sur cet objet, que les officiers et les sous-

officiers sont chargés de faire dans les compagnies.

Il est fait aux officiers, et, de préférence, en
hiver, un cours élémentaire de fortification, ayant
principalement pour but de leur faire connaître
le tracé, la construction et les propriétés des ou-
vrages de campagne, la manière de les défendre et
celle de les attaquer. Ce cours, dont la rédaction
doit être simple et précise, est fait, en présence du
lieutenant-colonel, par un officier ayant suivi le
cours des écoles militaires.

Il est fait aux sous-officiers un abrégé de ce
cours.

« Dans chaque corps il doit être tenu, soit pour
« les conférences militaires, soit pour les cours
« d'administration, des registres sur lesquels sont
« consignées les matières traitées dans chaque
« séance.

« Ces registres doivent être soumis annuelle-
« ment au visa de l'inspecteur général. » (*Décision
du 31 décembre 1844.*)

Théorie pratique.

224. Une théorie pratique est faite sur le terrain, aux lieutenants et aux sous-lieutenants, aux
sous-officiers et aux caporaux, du 1er avril au 1er
octobre. Elle est faite par un chef de bataillon,
sous la direction du lieutenant-colonel. On forme

des pelotons sur un rang, et on leur fait exécuter les écoles de peloton et de bataillon, et ensuite les évolutions de ligne ; les bataillons sont commandés par les capitaines ; les lieutenants et les sous-lieutenants commandent les pelotons et remplissent les fonctions d'adjudant-major, les sous-officiers et les caporaux sont formés aux fonctions de guides.

Instruction pratique.

225. L'instruction générale du régiment est reprise chaque année au 1er avril, époque de la rentrée des semestriers. Elle recommence plus tôt, lorsque le climat le permet ; dans ce cas, les semestriers forment, à leur retour, une classe séparée qui répète ce que le régiment a déjà exécuté ; cette classe peut, au besoin, être exercée deux fois par jour. Un mois est employé à répéter l'école du soldat et celle de peloton ; un mois à répéter l'école de bataillon, qui doit être terminée à la fin de mai. L'école des tirailleurs a lieu dans la première quinzaine de juin, de manière que les évolutions de ligne commencent au milieu de juin ; on revient souvent à l'école de bataillon, et quelquefois à celle des tirailleurs ; on leur réserve un ou deux exercices par semaine.

Pour exécuter les évolutions de ligne, les bataillons détachés se placent sur deux rangs et même sur un seul, afin de pouvoir former deux bataillons de manœuvre.

Dès qu'on commence l'école de peloton, les exercices se font le sac au dos.

Lorsque les bataillons exécutent avec précision l'école de bataillon, ils sont souvent commandés par des capitaines, les pelotons par des lieutenants et des sous-lieutenants. De même, lorsque le régiment a acquis de l'aplomb dans les évolutions de ligne, le colonel le fait commander à tour de rôle par les chefs de bataillon.

Le tir à la cible commence dès que les compagnies ont répété l'école du soldat; elles y sont exercées successivement, de manière à déranger le moins possible les exercices ordinaires.

Epoque et durée des exercices.

226. Depuis la reprise de l'instruction jusqu'à ce que les trois premières écoles et celle des tirailleurs soient terminées, les exercices ont lieu tous les jours, excepté le samedi, qui est consacré aux travaux de propreté, et le dimanche; toutefois, lorsque l'instruction est en retard, l'exercice a lieu le samedi matin.

Les exercices sont réduits à quatre par semaine, dès qu'on commence les évolutions de ligne; à partir du 1er août, ils sont réduits à trois; un exercice est toujours consacré aux écoles de peloton et de bataillon.

Après le 1er octobre, les exercices n'ont plus lieu que deux fois par semaine. Pendant les gelées, on évite de tenir la troupe longtemps en place ; on l'exerce particulièrement à la marche et aux manœuvres de tirailleurs.

La durée de chaque exercice est de deux heures, non compris le repos et le temps nécessaire pour se rendre sur le terrain.

Instruction des recrues.

227. Les hommes de recrue sont exercés habituellement deux fois par jour ; du 15 octobre au 15 mars, ils ne le sont qu'une fois, dans le milieu du jour. Ils se rendent sur le terrain d'exercice, sac au dos ; ils ne le conservent pendant l'instruction que lorsqu'ils commencent la troisième leçon de l'école de peloton. Avant de les admettre au bataillon, ils exécutent l'école des tirailleurs.

Les hommes de recrue commencent à monter la garde lorsqu'ils sont admis à l'école de peloton ; si le service de la place ne laisse pas aux soldats quatre nuits de repos, les hommes de recrue montent la garde vingt jours après leur arrivée sous les drapeaux.

Il leur est fait deux fois par semaine, sur un terrain d'exercice une théorie pratique sur le service des places.

Les recrues assistent aux marches militaires au moins une fois par semaine.

Rapports.

228. Tous les samedis, l'officier supérieur qui préside à l'instruction des recrues, présente au rapport le tableau sommaire des classes et des mutations survenues parmi les hommes de recrue et les instructeurs. Ce tableau est annexé au rapport du régiment (*modèle M*).

La première classe comprend les hommes de recrue qui sont à l'école de peloton ; la deuxième classe se compose des hommes qui exécutent la seconde et la troisième partie de l'école du soldat ; la troisième classe se compose de ceux qui exécutent la première partie.

Le premier de chaque mois, le lieutenant-colonel remet au colonel un tableau contenant, en outre, un rapport sur les instructeurs (*modèle N*).

Ces tableaux sont dressés par le porte-drapeau et signés par l'officier supérieur qui dirige l'instruction des recrues. Le lieutenant-colonel y ajoute ses observations.

Le chef d'un bataillon détaché fait établir ces tableaux par un des officiers attachés à l'instruction, et les adresse au lieutenant-colonel.

Le colonel, le lieutenant-colonel et l'officier supérieur chargé de l'instruction des recrues, se font représenter, quand ils le jugent convenable, le contrôle nominatif tenu en exécution de l'article 54, afin d'en vérifier l'exactitude.

Marches militaires.

229. Les marches militaires commencent dès que le régiment a exécuté l'école de bataillon. Elles ont lieu d'abord une fois par semaine. Il en est fait deux depuis le 1er août. Elles cessent à la reprise générale de l'instruction.

Elles se font habituellement après la soupe du matin ; pendant les grandes chaleurs, elles ont lieu après le réveil ; toutefois, on ne les commence pas avant quatre heures.

Elles s'exécutent d'abord par bataillon et ensuite par régiment. Elles sont de quatre heures dans les commencements ; elles sont portées successivement jusqu'à six heures.

La colonne marche habituellement au pas de route, par peloton ou par section ; quelquefois elle marche à rangs serrés et l'arme sur l'épaule droite.

Dans les premières marches, l'allure est de cent pas par minute ; à mesure que les troupes contractent l'habitude de la marche, la vitesse du pas est accélérée progressivement jusqu'à cent dix, cent vingt et même cent trente pas par minute ; mais la cadence de cent pas est toujours reprise dans la dernière demi-heure de marche. On s'attache particulièrement à ce que les distances

soient exactement observées, et que les mouvements de rompre les pelotons et les sections n'occasionnent pas d'allongement dans la colonne.
Dans les premières marches, les haltes sont fréquentes; on arrive par degrés à n'en faire que
toutes les deux heures.

Les marches militaires ne s'exécutent pas toujours sur la grande route; les bataillons sont conduits souvent dans les chemins de traverse, dans
les terrains montueux et difficiles, dans les bois
et même à travers champs, lorsqu'il ne peut en
résulter aucun dégât.

Les colonnes s'éclairent et couvrent leurs flancs
toutes les fois que le terrain le permet; elles
prennent en s'avançant comme en se retirant,
dans les pays ouverts comme dans les pays coupés, et dans les défilés, les précautions qui sont
nécessaires près de l'ennemi. Les compagnies envoyées en éclaireurs sont relevées souvent.

S'il se présente un terrain où il soit possible de
manœuvrer, le colonel ou le chef de bataillon en
profite pour faire exécuter les mouvements les
plus usités à la guerre, en se couvrant, selon les
circonstances, par des tirailleurs.

S'il rencontre une position favorable pour bi-
vouaquer, il s'y établit militairement, place des
grand'gardes, des petits postes et une chaîne de
sentinelles, fait occuper les points voisins dont la

possession importerait à la sûreté de la troupe, envoie des patrouilles et des reconnaissances, en un mot, exécute tout ce qui est prescrit dans le service de campagne.

Le colonel prend les plus grandes précautions pour que ces exercices ne donnent lieu à aucun dégât dans les campagnes, et à aucune fausse interprétation de la part des habitants.

A la première halte, les capitaines passent une inspection du paquetage; il s'assure que le sac contienne tous les effets d'ordonnance, que le soldat ne soit pas gêné dans la marche ni blessé par la chaussure. Les mauvais marcheurs sont l'objet d'une surveillance spéciale; ils les signalent au chirurgien-major qui cherche à reconnaître les causes de la difficulté qu'ils éprouvent, et propose au colonel les mesures qu'il juge nécessaires pour les amener successivement à pouvoir suivre leurs compagnies.

Lorsque les marches ont lieu le matin, les capitaines veillent à ce que chaque homme porte avec lui du pain, et qu'il soit fait au compte de l'ordinaire une distribution d'eau-de-vie, ou, s'il est possible, du vin à la première halte.

Pour habituer les soldats à s'équiper et à se rassembler promptement, le colonel fait quelquefois battre à l'improviste la marche du régiment. Dès que la majeure partie du corps est réunie, il

la met en route, et ne fait l'appel qu'après être
sorti de la garnison ou sur le lieu du rassemblement qu'il a indiqué.

« Les marches militaires seront toujours l'ob-
« jet d'un rapport détaillé. Ce rapport, qui devra
« être rédigé par l'officier supérieur ou autre
« chargé de la direction de chacune des marches,
« sera soumis par le chef du corps à l'examen de
« l'inspection générale. » (1er sem. 1844, p. 229.)

CHAPITRE XXVIII

ÉCOLES

Dispositions générales.

230. Le colonel use de toute son influence pour
propager l'instruction dans le régiment; il ne
néglige aucun moyen pour accroître le goût de
l'étude et du travail, et pour développer les facul-
tés intellectuelles et physiques des militaires sous
ses ordres.

Le major surveille les écoles.

231. Les écoles sont sous la surveillance du
major; il propose au colonel les officiers et les
sous-officiers capables de les diriger. Ces officiers, ainsi que les sous-officiers qui ne font pas
partie de la compagnie hors rang, ne sont habituellement exemptés d'aucun service.

École de lecture, d'escrime, etc.

232. L'organisation et le mode d'enseignement des écoles de lecture, d'écriture, d'arithmétique, etc., destinés aux sous-officiers, aux soldats et aux enfants de troupe, sont déterminés par des règlements spéciaux. Le colonel veille à ce qu'on s'y conforme exactement, et s'assure fréquemment par lui-même des progrès des élèves.

École d'escrime.

233. Un officier est chargé de la direction de l'école d'escrime. Le maître d'escrime est choisi parmi les sous-officiers ; il est secondé par des prévôts. Les recrues sont admises à l'école d'escrime dès qu'elles passent à l'école de bataillon. La durée des leçons et les époques auxquelles elles ont lieu sont déterminées par le colonel. Les militaires les paient au prix fixé par le colonel sur la proposition du major.

Le colonel veille à ce que les maîtres et les prévôts mettent les armes en honneur dans le régiment.

Il encourage les assauts publics, et engage les officiers à y assister, à y participer même, pour leur donner plus de solennité.

L'officier chargé de la direction de la salle surveille la conduite des maîtres et des prévôts ; il les rend attentifs à prévenir les querelles et responsables des duels qu'ils auraient pu empêcher.

Course, danse, exercices gymnastiques.

234. La course, la danse et tous les exercices qui peuvent fortifier la constitution, développer l'adresse et l'agilité, sont encouragés.

Il est établi à cet effet, dans les villes de garnison, un gymnase à l'usage des troupes.

École de natation.

235. Les colonels profitent de toutes les occasions pour faire apprendre à nager aux sous-officiers et aux soldats. L'école de natation est dirigée par un officier, qui prend les précautions convenables pour éviter les accidents. Tous les officiers et les soldats y passent à leur tour.

Il est tenu compte dans chaque bataillon des meilleurs nageurs.

CHAPITRE XXIX

TRAVAILLEURS

Tout soldat peut être requis de travailler pour le régiment.

236. Les soldats qui peuvent être utilisés dans les ateliers du régiment sont obligés d'y travailler momentanément, lorsque cela est jugé néces-

saire. Ils sont pris, autant que possible, parmi les hommes admis à l'école de bataillon.

Toutes les fois qu'un soldat en reçoit l'ordre, il est tenu d'exercer temporairement, dans l'intérêt du régiment, la profession qu'il avait avant son entrée au service.

Travailleurs en ville.

237. Le nombre des travailleurs en ville est subordonné aux besoins du service et déterminé par le colonel. Il n'est accordé aucune permission de travail, lorsque le service de la place ne laisse pas quatre nuits de repos aux soldats.

Comment se demandent les permissions de travailler.

238. Les capitaines ne demandent la permission de travailler en ville que pour des hommes d'une conduite éprouvée, ayant un an de service, et dont l'instruction est terminée. Ils s'informent de la moralité des personnes qui doivent les employer et des avantages que les soldats en retireront. Ils en rendent compte au chef de bataillon, qui transmet la demande par la voie du rapport avec son avis.

Ces permissions sont accordées de préférence pour les travaux qui développent les forces, et rendent le soldat plus propre aux exercices militaires et aux fatigues de la guerre.

Dans aucun cas, un soldat ne peut être employé à un travail qui dégrade la profession des armes.

Prélèvement sur le prix du travail.

239. Les travailleurs en ville versent cinq centimes par jour à l'ordinaire ; ils paient cinq francs par mois à l'homme qui fait leur service, ou à l'ordinaire si toute la compagnie est chargée de le faire, et un franc cinquante centimes à celui qui entretient leurs armes et leurs effets, lorsqu'il ne le font pas eux-mêmes.

Si leur masse individuelle n'est pas complète, le capitaine exige sur le produit de leur travail un versement proportionné à leurs bénéfices.

Tenue des travailleurs.

240. Les travailleurs sont tenus de se pourvoir d'une veste ou d'une blouse, ayant le collet de la couleurs distinctive et le bouton du régiment ; leurs effets d'ordonnance restent à la chambre, ils ne peuvent porter que le bonnet de police.

Rentrée des travailleurs.

241. Ils rentrent tous les soirs à l'appel ; ceux que leur travail retient plus tard, et ceux qu'il oblige de sortir avant le réveil en demandent l'autorisation.

Ils se trouvent à l'inspection du dimanche, et sont ensuite exercés par un officier désigné à cet effet. Ils se trouvent aux marches militaires et aux manœuvres chaque fois que le colonel l'ordonne.

Ils sont exercés au tir à la cible.

Soldats employés par les officiers.

242. Les officiers ne peuvent employer habituellement aucun soldat à leur service personnel; il leur est seulement permis d'en prendre un pour l'entretien de leurs armes et de leurs effets d'équipement et pour le pansage des chevaux qui leur sont accordés par le règlement. Ces soldats sont choisis dans la compagnie de l'officier qui les emploie, parmi ceux qui sont admis à l'école de bataillon; ils ne sont dispensés ni du service ni de l'instruction. Il leur est payé trois francs par mois pour l'entretien des armes et des effets d'équipement, et quatre francs pour le pansage de chaque cheval.

Toute autre tenue que celle d'uniforme leur est interdite; ils sont constamment dans la tenue prescrite pour les autres soldats.

Quand les officiers veulent obtenir l'autorisation de payer le service des soldats qui pansent leurs chevaux, le lieutenant-colonel en fait la demande au rapport, s'il juge qu'elle puisse être accordée sans inconvénients. Dans ce cas, le service de ces soldats est payé cinq francs par mois.

« Les officiers qui passent de la portion active « d'un corps au dépôt et réciproquement, ainsi que

« ceux qui passent d'une portion active d'un
« corps à une autre portion active, ont la faculté
« d'amener avec eux leur homme de confiance.

« Il est bien entendu que ces mutations ne peu-
« vent avoir lieu que du consentement du chef
« du corps. » (*Décision du 17 juin et 6 septembre* 1852).

« Les officiers supérieurs et les officiers faisant
« partie de l'état-major du régiment, ne pourront
« prendre ni faire compter dans la compagnie
« hors rang, les soldats qui leur sont nécessaires
« pour l'entretien de leurs armes, de leurs effets
« d'équipement, et pour le pansage de leurs che-
« vaux. » (*Décision du 20 avril* 1844).

CHAPITRE XXX

TENUE [1]

Responsabilité du colonel.

243. Le colonel, responsable de la tenue du ré-

---

[1] Les officiers de santé n'étant autorisés par aucun
règlement à se mettre en bourgeois, doivent se soumettre
à toutes les mesures d'ordre et de discipline intérieure
auxquelles il n'est pas dérogé à leur égard par le règlement qui leur est particulier; ainsi, le chapitre 30, ci-
dessus, leur est applicable. (*Solution ministérielle du* 20
février 1835).

giment, veille à ce que l'uniformité soit rigoureusement observée ; il ne lui est, sous aucun prétexte, permis d'y rien changer, ajouter, prescrire ou tolérer, qui soit contraire aux règlements. Il répond personnellement envers l'État des dépenses que l'infraction à cet égard aurait occasionnées, et il est tenu d'indemniser ses subordonnés des frais qui en seraient résultés pour eux.

Des différentes tenues.

244. Il y a trois tenues dans les régiments.

La tenue du matin ;

La tenue du jour ;

La grande tenue.

La tenue du matin est permise jusqu'à l'appel de onze heures. Elle se compose de la capote sans épaulettes et du bonnet de police ; les officiers employés à l'instruction sont en sabre. En été, la veste remplace la capote pour les caporaux et les soldats. Toutes les corvées sont faites en veste et en bonnet de police.

La tenue du jour commence à l'appel de onze heures ; elle se compose du shako, du sabre et des épaulettes, et selon les saisons ou l'ordre du colonel, de l'habit ou de la capote pour les officiers ou sous-officiers ; de l'habit, de la capote ou de la veste pour les caporaux et les soldats.

Les officiers de semaine sont dans la tenue du jour dès que leur service commence.

Les sous-officiers et les soldats qui obtiennent la permission de ne pas se trouver à l'appel de onze heures, se mettent dans la tenue du jour avant de sortir du quartier.

La grande tenue est en habit ; elle se prend les dimanches et les jours de fête, et toutes les fois qu'elle est indiquée par l'ordre du régiment ou de la place. Les hommes de service sont habituellement dans cette tenue, à moins que des motifs particuliers ou la rigueur du froid n'engagent le commandant de la place à ordonner que le service soit fait en capote. La garde de police est dans la même tenue que les gardes de la place.

Les officiers commandés par la place pour un service quelconque portent le hausse-col.

Le colonel détermine la tenue pour les exercices et pour toutes les réunions du régiment ou d'une portion du régiment.

Les maîtres ouvriers sont habituellement dispensés d'être en tenue.

Cheveux et moustaches.

245. Les cheveux des officiers, sous-officiers et soldats sont coupés courts, surtout par derrière ; ils ne forment jamais de touffes ni de boucles.

« A l'exception des officiers, sous-officiers et sol-

« dats de la gendarmerie, des officiers de l'inten-
« dance militaire, des officiers de santé, des offi-
« ciers et employés des diverses administrations,
« militaires, tous les militaires sont autorisés à
« porter la moustache.

« Les généraux employés, les officiers supérieurs
« et adjudants-majors de toutes armes, les capi-
« taines, lieutenants et sous-lieutenants, ainsi que
« les sous-officiers et soldats des compagnies de gre-
« nadiers ou de carabiniers et de voltigeurs, por-
« tent avec la moustache, cette partie de la barbe
« qui croît sous la lèvre inférieure, seulement, et
« qui est appelée *mouche* ou *impériale*.

« Les favoris ne doivent pas dépasser la hauteur
« de la bouche et ne doivent pas se joindre aux
« moustaches.

« Les moustaches doivent être coupées au ni-
« veau de la lèvre supérieure, s'étendre sans dis-
« continuité sur toute la longueur de la lèvre, et
« s'arrêter toutefois au coin de la bouche.

« Les moustaches ne doivent être ni cirées ni
« graissées. » (*Décision des 3 juin et 6 août* 1836.)

Manière de porter et d'ajuster les effets.

246. Le shako est placé droit et d'aplomb, de
manière que le milieu de la visière corresponde à
la ligne du nez ; les jugulaires, lorsqu'elles sont
placées sous le menton, sont en arrière des joues

et attachées court ; lorsqu'elles sont relevées, elles sont fixées au pompon.

Le bonnet de police penche légèrement à droite, le bord touchant presque le sourcil droit, et éloigné d'environ un pouce du sourcil gauche. Lorsque le soldat est chargé, le bonnet de police est placé sous la palette du sac.

Le col est suffisamment serré pour ne pas bâiller sous le menton ; il ne doit jamais laisser apercevoir la chemise.

L'habit et la veste sont boutonnés dans toute leur longueur, et tirés en bas pour emboîter les hanches et ne former aucun pli lorsque le soldat est chargé ; la ligne des boutons correspond à la couture du pantalon.

Le pantalon est monté de manière à ne pas faire de pli sur le cou-de-pied, et à laisser voir les trois derniers boutons de la guêtre.

Le sac doit coller sur le dos et arriver à la hauteur des épaules ; la capote est pliée par-dessus et enfermée dans l'étui.

La giberne est placée carrément sur la fesse droite ; la partie supérieure environ à la hauteur de la taille, afin qu'il y ait à peu près trois pouces entre elle et le sac ; la martingale est ajustée à la hauteur nécessaire pour la maintenir solidement dans cette position.

Le quillon de la garde du sabre arrive à un

pouce au-dessous du coin gauche de la giberne, le bout du sabre portant sur le gras de la jambe droite.

Les buffleteries, et surtout les bretelles du sac et du fusil, doivent être blanchies de manière à ce que le blanc ne tache pas l'habillement (¹).

L'épinglette est fixée par l'anneau principal au deuxième bouton de l'habit, de la veste ou de la capote, la tige passant dans la boutonnière correspondante, de manière à ce que la chaîne forme une ligne double tombant sur la buffleterie.

Les officiers, les sous-officiers et les soldats qui sont en deuil de famille peuvent porter un crêpe noir au bras gauche.

CHAPITRE XXXI

REVUES

Revues des inspecteurs généraux.

Honneurs à rendre aux officiers généraux inspecteurs

247. Lorsque le lieutenant général inspecteur est arrivé dans la place où se trouve le régiment,

---

¹ Ceci ne s'applique qu'aux corps qui ont des buffleteries blanches.

une garde de cinquante hommes d'élite, commandée par un capitaine et un lieutenant, est aussitôt envoyée à son logement. Deux sentinelles sont placées à sa porte ; si l'inspecteur général ne juge pas à propos de conserver sa garde, le poste le plus voisin est augmenté du nombre nécessaire pour fournir les deux sentinelles.

Les gardes de la place et du quartier prennent les armes quand l'inspecteur général passe devant elles ; les tambours rappellent.

Il lui est fait des visites de corps en grande tenue de service.

A défaut d'état-major de place, le mot d'ordre lui est porté par un adjudant-major.

Quand il passe devant le front du régiment, ou lorsque le régiment défile devant lui pour la première ou la dernière fois, les officiers supérieurs et le drapeau saluent.

Lorsque l'inspecteur général est un maréchal de camp, la garde envoyée à son logement est de vingt-cinq hommes ; elle est commandée par un officier. Deux sentinelles tirées des compagnies de fusiliers sont placées à sa porte. Quand il passe devant les gardes, elles prennent les armes ; les tambours sont prêts à battre. Il lui est fait des visites de corps en grande tenue de service. Le mot d'ordre lui est porté par un sergent. Lorsqu'il passe devant le front du régiment, ou que le régiment défile devant lui pour la première ou la dernière fois, les officiers supérieurs saluent.

Du reste, le maréchal de camp inspecteur général exerce sur les troupes de son inspection la même autorité, et a sur elles les mêmes droits, que s'il était lieutenant général.

Pendant toute la durée de l'inspection, le régiment, à moins d'ordres contraires de l'inspecteur général, est en grande tenue.

Revue d'ensemble.

248. Lorsque l'inspecteur général se rend sur le terrain pour la revue d'ensemble, le régiment est en bataille pour le recevoir. Le colonel et les officiers supérieurs sont à leurs places de bataille.

Le colonel, après avoir fait porter les armes, et ordonné aux tambours de rappeler ou d'être prêt à battre, suivant le grade de l'inspecteur général, se porte vivement au devant de lui, le salue de l'épée, et reste à portée de recevoir ses ordres. En l'accompagnant dans sa revue, il lui cède toujours le côté de la troupe.

Tout officier général passant une troupe en revue est reçu de la même manière.

Après avoir passé devant le front du régiment, l'inspecteur ordonne au colonel de faire rompre par compagnie.

Les compagnies sont formées sur un rang; les

officiers, les sous-officiers et les caporaux à la droite, les soldats à leur numéro de contrôle annuel; le grand et le petit état-major ainsi que la compagnie hors rang se réunissent à la droite du régiment.

L'officier d'habillement pour l'état-major et la compagnie hors rang, les capitaines, pour leur compagnie, remettent successivement la feuille d'appel à l'inspecteur général.

L'inspecteur fait lui-même l'appel des officiers; il fait faire celui des sous-officiers et des soldats par les sergents-majors, qui se tiennent en arrière du rang formé par la compagnie, et à hauteur de l'inspecteur général.

Pendant le temps que dure la revue d'une compagnie, cette compagnie est au port d'armes; les autres sont reposées sur leurs armes, et gardent le silence.

Le colonel, le lieutenant-colonel, le major, les chefs de bataillon et les capitaines pour leurs bataillons et leurs compagnies respectives, le trésorier, l'officier d'habillement et le chirurgien-major accompagnent l'inspecteur général.

Quand la revue est terminée, l'inspecteur fait défiler le régiment devant lui.

Revue de détail.

249. Lorsque l'inspecteur général passe la revue

de détail, les bataillons sont à l'avance formés en colonne par compagnie, section, demi-section et escouade, afin de répondre à toutes les questions que l'inspecteur peut leur adresser concernant le caractère, la conduite, l'instruction et l'état de santé des hommes sous leur ordres.

Les lieutenants, les sous-lieutenants et les sergents sont porteurs du livret de leur section ; les sergents-majors et les fourriers des registres de la compagnie.

A moins d'un ordre contraire, les sacs sont mis à terre, et ouverts de manière que l'inspecteur puisse aisément vérifier tout ce qu'ils contiennent ; le livret de chaque homme est placé sur son sac.

Les officiers comptables portent sur le terrain tous les modèles des effets et tous les registres et comptes ouverts avec les compagnies.

Ordres de l'inspecteur général.

250. Pendant toute la durée de l'inspection, le colonel reçoit directement les ordres de l'inspecteur général en tout ce qui concerne la tenue, l'instruction, l'administration, et le service en général.

Le régiment se conforme exactement aux instructions écrites que l'inspecteur général donne avant son départ.

Les généraux sous les ordres desquels le régiment est placé sont chargés d'en assurer l'exécutlon; les maréchaux de camp s'en font rendre fréquemment compte.

REVUE DES GÉNÉRAUX

Revue mensuelles et trimestrielles

251. Les maréchaux de camp commandant les brigades actives passent tous les mois la revue d'ensemble, et tous les trimestres la revue de détail des régiments sous leurs ordres. Ces régiments sont alors formés de la manière prescrite pour les revues des inspecteurs généraux, et se conforment à toutes les dispositions indiquées aux art. 248 et 249 [1].

Les lieutenants généraux commandant les divisions actives passent eux-mêmes ces revues, lorsqu'ils le jugent convenable.

Les lieutenants généraux et les maréchaux de camp commandant les divisions et les subdivisions territoriales passent, autant que possible, tous les mois et tous les trimestres, des revues semblables des régiments sous leurs ordres, qui ne sont pas réunis en divisions ou en brigades.

Les maréchaux de camp rendent compte du ré-

---

[1] Toutes les fois qu'un corps de troupes, de toutes armes, recevra l'ordre de se rassembler en grande tenue de service pour être passé en revue par un officier général, il devra paraître à la revue avec son drapeau ou son étendard. (*Décision ministérielle du 9 juillet 1835.*)

sultat de leurs revues au lieutenant général ; le lieutenant général en fait l'objet d'un rapport d'ensemble qu'il adresse chaque trimestre au ministre de la guerre.

Indépendamment de ces revues périodiques, les généraux en passent d'extraordinaires, toutes les fois qu'ils le croient utile.

REVUES DES INTENDANTS ET DES SOUS-INTENDANTS MILITAIRES.

Revues sur les terrains.

252. Les revues d'effectif ont lieu aux époques fixées par les règlements sur l'administration.

Outre les revues périodiques et réglementaires, les intendants et sous-intendants militaires en passent sur le terrain toutes les fois qu'ils en reçoivent l'ordre du ministre de la guerre ou des lieutenants généraux, ou lorsqu'ils le jugent utile au bien du service.

Quand il s'agit d'une revue prescrite par les règlements ou d'une revue ordonnée, soit par le ministre, soit par un lieutenant général, les intendants et sous-intendants en préviennent l'officier général sous les ordres duquel le corps se trouve.

S'ils reconnaissent la nécessité de passer une revue extraordinaire, ils doivent au préalable en demander l'agrément à l'officier général commandant, et lui en déduire les motifs. Si l'officier général croit devoir s'opposer à la revue, il en rend immédiatement compte au ministre de la guerre.

Les intendants et sous-intendants militaires, avant de passer une revue, se concertent avec le commandant de la place, à l'effet de fixer le jour, l'heure et le lieu de la réunion des troupes.

Le colonel en est informé la veille par le commandant de la place.

Tous les officiers, les sous-officiers et les soldats devant être présents aux revues des intendants et des sous-intendants militaires, les postes et les plantons sont relevés par d'autres troupes de la garnison. Lorsque le régiment est seul dans la garnison, les compagnies d'élite sont passées en revue les premières ; elles vont immédiatement après relever les hommes de service ; le surplus du régiment reste sous les armes jusqu'à ce que ceux-ci soient rentrés et aient été passés en revue.

Avant l'arrivée de l'intendant ou du sous-intendant, les compagnies sont formées sur un rang, les officiers, les sous-officiers et les caporaux à la droite, les tambours, les enfants de troupe et les soldats à leur numéro de contrôle annuel ; le grand et le petit état-major, ainsi que la compagnie hors rang, à la droite du régiment.

L'intendant, le sous-intendant et le régiment sont en grande tenue de service (¹).

Le major remet à l'intendant ou au sous-intendant l'état nominatif des hommes malades à la chambre ou à l'infirmerie ; cet état, certifié par le chirurgien-major, est visé par le major. Les hommes composant la garde de police et les hommes en prison que des motifs particuliers empêchent de faire paraître à la revue, sont portés sur un état nominatif que signe l'adjudant-major de semaine et que le lieutenant-colonel, après l'avoir visé, remet à l'intendant ou au sous-intendant. Dans un détachement, ces deux états sont certifiés par l'officier commandant.

Lorsque l'intendant ou le sous-intendant se présente à la tête d'une compagnie, le capitaine fait porter les armes et lui remet la feuille d'appel. L'intendant ou le sous-intendant fait lui-même l'appel des officiers, le sergent-major fait en arrière du rang l'appel des sous-officiers et des soldats.

Les sergents-majors sont porteurs du livre de compagnie, et les hommes ont le livret dans le sac, afin que l'intendant ou le sous-intendant

____

¹ Le drapeau ne paraît aux revues des intendants et sous-intendants militaires que lorsqu'elles sont passées en présence d'un officier général. (*Décision du 2 juin 1840.*)

puisse vérifier pendant sa revue, quand il le croit utile, la situation des effets d'habillement, de grand et de petit équipement et d'armement.

Après la revue d'un intendant, le régiment défile; après celle d'un sous-intendant, le commandant en second fait défiler (¹).

Visite au quartier après la revue.

253. Lorsque la revue sur le terrain est terminée, l'intendant ou le sous-intendant, accompagné du major et du chirurgien-major, se rend au quartier et à l'infirmerie pour y vérifier l'existence des hommes de garde, malades ou en prison.

CHAPITRE XXXII

PERMISSIONS

Permissions pour les officiers.

Permissions pour la journée.

254. Les permissions pour la journée, sauf les exceptions spécifiées pour l'instruction et le service de semaine, sont accordées :

Aux lieutenants et aux sous-lieutenants, par les capitaines qui en rendent compte au chef de leur bataillon;

------

1 Modification approuvée par le roi, le 8 juillet 1835.

Aux capitaines et aux adjudants-majors, par le chef de leur bataillon ;

Aux officiers comptables, par le major ;

Au porte-drapeau et aux chirurgiens, par le lieutenant-colonel ;

Aux officiers supérieurs, par le colonel.

Les chefs de bataillon et le major rendent compte au lieutenant-colonel des permissions qu'ils accordent et de celles qu'ils obtiennent pour eux-mêmes.

La dispense des devoirs du service de semaine est accordée au capitaine et à l'adjudant-major par le chef de bataillon de semaine, aux lieutenants et aux sous-lieutenants par le capitaine ou l'adjudant-major de semaine, chacun en ce qui le concerne, et en en rendant compte au chef de bataillon. Lorsque cette dispense est accordée pour toute la journée, elle oblige les officiers à se faire remplacer ; ceux des compagnies en préviennent leur capitaine.

Les exemptions d'exercice ou de manœuvres sont accordées aux officiers par le chef de leur bataillon, qui en rend compte au lieutenant colonel.

Permissions pour quitter la garnison.

255. Les permissions de s'absenter de la garnison, qui ne doivent pas excéder huit jours, sont

accordées par le commandant du régiment, qui en rend compte au maréchal de camp dans son plus prochain rapport (*modèle O*).

Toute permission pour découcher d'une garnison où il y a un état-major de place, est soumise à l'approbation du commandant de la place.

Lorsqu'un officier qui a obtenu une permission est de retour, le colonel en informe le commandant de la place par le rapport du lendemain.

Les permissions qui excèdent huit jours sont accordées par le maréchal de camp; celles qui excèdent quinze jours le sont par le lieutenant général, jusqu'à concurrence de trente jours.

Les permissions sont conformes au modèle P, et visées par le sous-intendant militaire.

La faculté donnée aux officiers généraux et aux colonels d'accorder des permissions, s'exerce de manière que tout le monde soit présent aux inspections générales.

Officiers rentrant de permission.

256. Les officiers rentrant de permission se présentent au commandant de leur compagnie et au colonel; lorsque leur absence a duré huit jours ou plus, ils se présentent en outre au chef de leur bataillon, au lieutenant-colonel, et, dans les villes de guerre, au commandant de la place.

Officiers qui s'absentent sans une permission ou qui la dépassent. (1)

257. Les officiers qui n'ont pas rejoint à l'expiration de leur congé ou permission, et qui ne justifient pas de leur retard, sont mis aux arrêts de rigueur. Si la permission a été dépassée de huit jours, ils sont mis en prison et privés de congé pendant un an ; si elle a été dépassée de quinze jours, le lieutenant général convoque un conseil d'enquête.

Les officiers qui s'absentent sans permission sont punis des arrêts de rigueur, si cette absence a duré quarante-huit heures ; si elle a duré huit jours, ils sont mis en prison et privés de congé pendant un an ; si elle a duré quinze jours, un conseil d'enquête est convoqué.

PERMISSION POUR LES SOUS-OFFICIERS, LES CAPORAUX ET LES SOLDATS.

Exemptions de l'appel de onze heures et de la soupe.

258. Les exemptions de l'appel de onze heures sont accordées, soit par l'officier de semaine, soit par le sergent-major. En leur absence, elles peu-

---

1 L'art. 257 a été rapporté par décision royale du 18 septembre 1834.

vent être accordées aux caporaux et soldats par le sergent de semaine. Ces deux sous-officiers en rendent compte à l'officier de semaine, qui en informe le capitaine de semaine et celui de la compagnie.

Les permissions pour manquer à la soupe sont accordées par le caporal de chambrée, qui en rend compte au sergent de semaine.

Exemptions de l'appel du soir.

259. Les exemptions d'appel du soir sont accordées par le capitaine; elles sont demandées au sergent-major, qui les lui soumet lorsqu'il lui porte le rapport; elles sont signées par le capitaine, et contre-signées par l'adjudant de semaine; ceux qui les obtiennent les remettent au sergent de la garde de police, en rentrant au quartier.

Si, dans le courant de la journée, un caporal ou un soldat a besoin de l'exemption de l'appel du soir, il s'adresse au sergent-major, qui la demande à l'officier de semaine; celui-ci est autorisé à l'accorder lorsqu'il en reconnaît l'urgence. Dans ce cas, elle est signée par lui; il en rend compte au capitaine de semaine. Le sergent-major en rend compte au capitaine le lendemain matin.

Exemptions d'exercice.

260. Les exemptions d'exercice et de manœuvres sont accordées aux sous-officiers, aux capo-

raux et aux soldats, par le capitaine, sur la demande de l'officier de semaine ou du sergent-major; le capitaine en rend compte au chef de bataillon. Ces exemptions sont accordées aux recrues et aux sous-officiers et caporaux employés à l'instruction, par le capitaine instructeur. Les unes et les autres, lorsqu'elles doivent durer plus d'un jour, sont demandées au rapport.

Permissions pour découcher ou pour quitter la garnison.

261. Les permissions pour découcher sans quitter la garnison sont demandées au rapport.

Les permissions de s'absenter de la garnison sont demandées par les capitaines, et accordées comme celles des officiers (*modèles Q et R*).

Permissions permanentes pour les sous-officiers.

262. Les sergents et les fourriers, lorsqu'ils ne sont pas de semaine, sont dispensés de se trouver à l'appel du soir; tous les sous-officiers qui ne sont pas de semaine sont autorisés à ne rentrer au quartier qu'une heure après cet appel. Le colonel retire cette permission lorsqu'il en est fait abus ou que le service l'exige.

Lorsqu'après l'appel du soir les sous-officiers sortent du quartier ou y rentrent, ils sont tenus de se présenter au sergent de la garde de police.

Les punitions privent d'exemptions et de permissions.

263. Hors le cas de nécessité reconnue, les exemptions et les permissions ne sont accordées qu'à des hommes dont la conduite est habituellement régulière.

Tout sous-officier, caporal ou soldat qui a été puni du cachot, de la prison ou de la salle de police, est privé de permission pendant le reste de la semaine et le dimanche suivant.

Dispositions communes aux divers grades.

264. Le nombre des permissions et des exemptions d'exercice est limité par le colonel, lorsqu'il le juge nécessaire.

Les permissions accordées pour la journée et au-delà sont mentionnées au rapport.

CHAPITRE XXXIII

PUNITIONS

Fautes contre la discipline.

265. Sont réputées fautes contre la discipline et punies comme telles, suivant leur gravité :

De la part du supérieur, tout propos injurieux, toute voie de fait envers un subordonné, toute punition injustement infligée ; de la part de l'inférieur, tout murmure, mauvais propos ou défaut d'obéissance, quelque raison qu'il croie avoir de se plaindre ; l'infraction des punitions ; l'ivresse, pour peu qu'elle trouble l'ordre public ou militaire ; le dérangement de conduite ; les dettes ; les querelles entre militaires ou avec des citoyens ; le manque aux appels, à l'instruction, aux différents services ; les contraventions aux ordres et aux règles de police ; enfin toute faute contre le devoir militaire, provenant de négligence, de paresse ou de mauvaise volonté.

Les fautes sont toujours plus graves quand elles sont réitérées et surtout habituelles, et quand elles ont lieu pendant la durée du service, ou lorsqu'il s'y joint quelque circonstance qui peut porter atteinte à l'honneur ou entraîner du désordre.

« Tout supérieur qui rencontre un inférieur « pris de vin ou troublant la tranquillité publique « ou dans une tenue indécente, doit éviter avec « soin de se commettre avec lui, mais il doit « chercher à le faire arrêter par ses camarades, « et, au besoin, par la garde. » (2ᵉ sem. 1849, p. 167.)

A moins de nécessité absolue, la punition qu'aurait encourue un homme ivre, ne doit lui être infligée que lorsque l'état d'ivresse a cessé.

Droit de punir.

266. En ce qui concerne le service et l'ordre public, tout militaire peut être puni par un militaire d'un grade supérieur au sien, quels que soient l'arme et le corps de celui-ci (1).

Nul ne peut être puni de plusieurs peines de discipline simultanément ni successivement pour une seule et même faute.

Tout supérieur qui inflige une punition à un militaire d'un autre régiment en rend compte sur-le-champ au commandant de la place, qui en informe le chef du corps auquel appartient le militaire puni.

Le lieutenant ou le sous-lieutenant commandant par intérim une compagnie, a le droit d'infliger les mêmes punitions que le capitaine.

Le capitaine commandant par intérim un bataillon a le droit d'infliger les mêmes punitions que le chef de bataillon.

L'officier supérieur commandant par intérim le régiment a le droit d'infliger les mêmes punitions que le colonel.

---

1 Un chirurgien aide-major ne peut être réprimandé directement que par un officier supérieur ou par le chirurgien-major, et un capitaine ne peut qu'en référer à un officier supérieur. (*Solution ministérielle du 20 février 1834.*)

Tout capitaine, lieutenant ou sous-lieutenant commandant un détachement, a le droit d'infliger les punitions que les articles 269, 281, 285 et 286 assignent aux attributions des officiers supérieurs ; l'officier supérieur commandant un détachement a les mêmes droits à cet égard que le colonel, sauf ce qui est prescrit article 289.

Le commandant du régiment peut augmenter ou diminuer les punitions ; il peut en changer la nature et même les faire cesser. Dans ce cas, il fait sentir à celui qui a puni l'erreur qu'il a commise, et le charge de lever la punition. Il le punit lui-même, s'il est reconnu qu'il y ait de sa part abus d'autorité.

Dans les corps qui ne sont composés que d'un bataillon, le chef de bataillon a le droit d'infliger les mêmes punitions que le colonel du régiment. Dans les corps composés d'une compagnie, l'officier commandant peut ordonner les mêmes punitions qu'un chef de bataillon dans un régiment ; lorsqu'il y a lieu d'infliger des punitions plus graves, il en rend compte au commandant de la place, qui prononce.

Impartialité dans les punitions.

267. Les punitions doivent être proportionnées, non-seulement aux fautes, mais encore à la conduite habituelle de chaque homme, au temps de

service qu'il a accompli et à la connaissance qu'il a des règles de la discipline. Elles doivent être infligées avec justice et impartialité, et jamais par aucun sentiment de haine ni de passion.

Le supérieur doit s'attacher à prévenir les fautes. Lorsqu'il est dans l'obligation de punir, il recherche avec soin toutes les circonstances atténuantes. En infligeant une punition, il ne se permet jamais des propos outrageants. Le calme du supérieur fait connaître qu'en punissant, il n'est animé que par le bien du service et le sentiment de son devoir.

PUNITION DES OFFICIERS.

Nature des punitions.

268. Les punitions à infliger aux officiers pour fautes de discipline, sont :

Les arrêts simples ;

La réprimande du colonel ;

Les arrêts de rigueur ;

La prison.

La réprimande a lieu en présence seulement d'un ou de plusieurs officiers du grade supérieur, ou en présence aussi des officiers du même grade réunis à cet effet.

La durée des arrêts simples ne peut excéder

trente jours; il en est de même de celle des arrêts de rigueur. La prison ne peut être ordonnée pour plus de quinze jours; cette dernière punition est toujours mise à l'ordre.

Arrêts simples.

269. Un officier peut être mis aux arrêts simples par tout autre officier d'un grade supérieur au sien, ou même d'un grade égal, si ce dernier est plus ancien ou s'il est adjudant-major, et s'il a le commandement du détachement, de la garnison ou du cantonnement dont l'autre fait partie.

Un lieutenant peut ordonner les arrêts simples pendant quatre jours; un adjudant-major ou un capitaine pendant huit; un capitaine, dans sa compagnie, ou un officier supérieur, pendant quinze; le colonel pendant trente jours.

Un officier aux arrêts simples n'est exempt d'aucun service; il est tenu de garder la chambre sans recevoir personne, excepté pour affaires de service.

« Les lieutenants d'état-major, détachés dans « les corps de troupe et investis des fonctions « d'adjudant-major, ont, dans ces fonctions, le « droit de punition sur tous les lieutenants du « corps. » (*Décision du 5 juillet 1844.*)

Arrêts de rigueur et prison.

270. Les arrêts de rigueur et la prison ne peuvent être ordonnés que par le commandant du régiment. Ces punitions suspendent de toutes fonctions militaires. Elles obligent l'officier puni à remettre son épée ou son sabre, et à payer la sentinelle lorsqu'il est jugé nécessaire d'en placer une à sa porte. Il lui est fait à ce sujet une retenue journalière du cinquième de ses appointements. Cette retenue est versée à l'ordinaire des hommes qui ont fourni la garde.

L'épée d'un officier supérieur aux arrêts de rigueur ou en prison est portée chez le colonel par un adjudant-major, et celle d'un officier inférieur par un adjudant.

Comment sont coordonnées les punitions.

217. Les arrêts peuvent être ordonnés de vive voix ou par billet cacheté ; ce billet, qui indique le jour de l'expiration des arrêts, est porté par l'adjudant-major de semaine aux officiers supérieurs, et par l'adjudant de semaine aux autres officiers. Un officier d'un grade supérieur à l'officier puni ou plus ancien que lui peut seul être chargé de lui signifier verbalement les arrêts. Les arrêts sont mis à l'ordre lorsque l'intérêt de la discipline l'exige.

Compte rendu.

272. Tout officier qui a ordonné les arrêts à un officier de la même compagnie que lui, en rend compte sur-le-champ au capitaine, qui en instruit le chef de bataillon ; si c'est un officier du même bataillon sans être de la même compagnie, il rend compte au chef de bataillon, qui en fait informer le capitaine. Si l'officier puni appartient à un autre bataillon, l'officier qui a ordonné la punition en rend compte directement au lieutenant-colonel, qui en fait donner avis au chef de bataillon, et celui-ci au capitaine.

Les chefs de bataillon et le major rendent compte sur-le-champ au lieutenant-colonel des punitions infligées aux officiers sous leurs ordres.

Le colonel rend compte des arrêts simples dans les rapports périodiques qu'il adresse au maréchal de camp. Lorsqu'il inflige les arrêts de rigueur ou la prison, il lui en rend compte immédiatement.

Levée des arrêts.

273. Les arrêts cessent à l'époque fixée pour l'expiration de la punition et sans autre formalité.

Tout officier doit, en sortant des arrêts ou de prison, se présenter chez celui par l'ordre duquel il a été puni, et le faire avec la déférence convenable. L'officier qui l'a puni l'a fait prévenir de l'heure et du lieu où il le recevra : l'un et l'autre sont dans la tenue du jour. Un officier d'un grade supérieur ou égal à l'officier puni peut être présent à cette visite ; il ne doit pas s'y trouver d'officier inférieur en grade à l'officier puni.

Fautes pendant les arrêts.

274. Si un officier aux arrêts simples commet une faute, tout supérieur peut augmenter la durée de sa punition. Le commandant du régiment peut seul changer les arrêts simples en arrêts de rigueur, et ceux-ci en prison.

L'officier qui viole ses arrêts est puni de prison.

Adjudants-majors ; officiers comptables.

275. En ce qui concerne leur service spécial, les adjudants-majors ne sont punis que par les officiers supérieurs ; les officiers comptables ne peuvent l'être que par le colonel, le lieutenant-colonel ou le major. Pour ce qui est étranger à leur service, les uns et les autres peuvent être punis par tout officier d'un grade supérieur au leur.

Médecins.

« Le médecin major ne peut être puni que par « le colonel, par le lieutenant-colonel ou par l'officier qui le remplace.

« Les médecins aides-majors ne peuvent l'être

« que par les officiers supérieurs ou par le méde-
« cin major.

« Le médecin major s'adresse au lieutenant-
« colonel lorsqu'il a une punition à demander
« contre un lieutenant ou un sous-lieutenant. »
(*Décret du 23 mars 1852*).

Punitions demandées par les officiers de l'intendance militaire pour des faits particuliers à l'administration.

277. Lorsque le sous-intendant militaire a sujet
de se plaindre du major, du trésorier ou de l'officier d'habillement, il en informe le colonel, et,
s'il y a lieu, demande leur punition. Le colonel ne
peut la refuser que par des considérations majeures, dont il rend compte immédiatement au
maréchal de camp.

Il en est de même à l'égard des chirurgiens, en
ce qui concerne leur service aux hôpitaux ([1]).

---

[1] Le Roi a approuvé, par une décision du 8 juillet 1835,
les modifications suivantes : au titre, après les mots :
Punitions demandées par les, on a mis *officiers* à la place
de *membres*, et après intendance, on a ajouté *militaire*.
A la deuxième ligne de l'article, il a été ajouté après le
mot *major*, *du trésorier ou de l'officier d'habillement*;
après *demande, leur* remplace *la*; *du major*, qui suit *punition*, est supprimé. L'alinéa commençant par : *Il en
est de même*, etc., est entièrement ajouté.

Punitions infligées par les commandants de place.

278. Les commandants de place peuvent mettre aux arrêts simples tout officier d'un grade égal au leur; ils en rendent compte au maréchal de camp, qui, sur leur rapport, et après avoir pris, s'il y a lieu, les renseignements nécessaires, fixe la durée de la punition.

Les commandants de place peuvent mettre aux arrêts de rigueur et en prison les officiers d'un grade qui leur est inférieur. Ils ont, quant à la durée des punitions qu'ils leur infligent, les mêmes droits qu'un colonel; ils informent les chefs de corps des punitions qu'ils ont infligées à leurs subordonnés; ils en rendent compte au maréchal de camp.

Punitions infligées par les généraux.

279. Le maréchal de camp et le lieutenant général sous les ordres desquels le corps est placé, peuvent diminuer, augmenter ou changer la punition des arrêts de rigueur et de la prison; le maréchal de camp peut prolonger jusqu'à trente jours la durée de la prison; il en rend compte au lieutenant général. Le lieutenant général peut infliger la prison ou la détention dans un fort pendant soixante jours; il en rend compte sur-le-champ au ministre de la guerre.

Tout autre officier général peut ordonner les

arrêts et la prison aux officiers de tout grade, en se renfermant dans les limites prescrites par l'article 268 ; il en rend compte au lieutenant général commandant la division.

PUNITIONS DES SOUS-OFFICIERS.

Nature des punitions.

280. Les punitions à infliger aux sous-officiers sont :

La privation de sortir du quartier après l'appel du soir ;

La consigne au quartier ou dans la chambre ;

La salle de police ;

La prison.

Pour les fautes de tenue, soit personnelles, soit relatives à leur troupe, les sous-officiers sont punis de la consigne.

Pour les fautes contre la discipline intérieure, ils sont punis de la salle de police.

Pour les fautes plus graves, entre autres celles qu'ils commettent pendant un service armé, ils sont punis de la prison.

La punition de la consigne ne peut être infligée pour plus de trente jours ; il en est de même de la punition de la salle de police. La prison ne peut être infligée pour plus de quinze jours.

Par qui ordonnées.

281. Les punitions sont ordonnées aux sous-officiers de la manière suivante :

Par les sergents-majors, quatre jours de consigné ou deux de salle de police ;

Par le sergent-major, dans sa compagnie, par les adjudants, les sous-lieutenants ou les lieutenants, huit jours de consigne ou quatre de salle de police ;

Par les adjudants-majors ou par les capitaines, quinze jours de consigne, ou huit de salle de police, ou quatre de prison ;

Par le capitaine, dans sa compagnie ou par les officiers supérieurs, trente jours de consigne ou quinze de salle de police, ou huit de prison.

Le colonel peut ordonner jusqu'à trente jours de salle de police ou quinze de prison.

Les punitions à infliger aux sous-officiers de l'état-major et à ceux de la compagnie hors rang sont prononcées, pour ce qui regarde leur service spécial, par les officiers qui en ont la direction ; pour tout autre objet, elles le sont par tout supérieur en grade.

Consignés.

282. Les sous-officiers consignés ne sont dispensés d'aucun service ; lorsque leur service exige qu'ils sortent du quartier, ils en préviennent l'adjudant de semaine, et reprennent leur punition aussitôt après.

Salle de police;-prison.

283. Tout service est interdit aux sous-officiers à la salle de police ou en prison. Ceux qui sont à la salle de police assistent, dans la même tenue que les autres sous-officiers, à toutes les classes d'instruction auxquelles ils sont attachés. Ceux qui sont en prison n'y assistent pas.

PUNITIONS DES CAPORAUX ET DES SOLDATS.

Nature des punitions.

284. Les punitions à infliger aux caporaux et aux soldats sont :

La consigne au quartier;

La salle de police;

La prison ;

Le cachot ;

L'interdiction de porter le sabre.

Pour les fautes légères dans les chambrées, pour irrégularité dans la tenue, pour négligence ou paresse à l'instruction, pour manque aux appels de la journée, les caporaux et les soldats sont punis par la consigne; les soldats peuvent l'être aussi par une ou plusieurs corvées.

Tout homme légèrement pris de boisson, s'il ne se met pas souvent dans ce cas, et s'il ne trouble pas l'ordre ou la tranquillité, est seulement puni de la consigne pour la journée.

Pour négligence dans l'entretien de leurs effets ou de leurs armes, les soldats sont punis par un ou plusieurs jours d'inspection avec la garde.

Pour manque à l'appel du soir, pour mauvais propos, désobéissance, querelle, ivresse, les caporaux et les soldats sont punis de la salle de police.

Pour les fautes plus graves, particulièrement lorsqu'elles sont commises pendant un service armé, ils sont punis de la prison ou même du cachot.

Pour avoir tiré le sabre dans des rixes particulières, et indépendamment des autres punitions qu'ils peuvent avoir encourues, ils sont privés, pour un temps déterminé, de la faculté de porter cette arme, même, si le cas est grave, pendant le service.

La punition de la consigne ne peut être infligée pour plus de trente jours; il en est de même de la punition de la salle de police. La prison ne peut être infligée pour plus de quinze jours; le cachot ne peut l'être que pour quatre et en déduction d'autant de jours de prison.

Par qui ordonnées aux caporaux.

285. Les punitions sont ordonnées aux caporaux de la manière suivante :

Par les sous-officiers, quatre jours de consigne ou deux de salle de police;

Par le sergent-major, dans sa compagnie, par les adjudants, les sous-lieutenants ou les lieutenants, huit jours de consigne ou quatre de salle de police, et huit jours d'interdiction du port du sabre;

Par les adjudants-majors ou les capitaines, quinze jours de consigne, ou huit de salle de police, ou quatre de prison, et quinze jours d'interdiction du port du sabre;

Par le capitaine, dans sa compagnie, ou par les officiers supérieurs, trente jours de consigne, ou quinze de salle de police, ou huit de prison, et trente jours d'interdiction du port du sabre;

Le colonel peut infliger trente jours de salle de police ou quinze de prison, et ordonner le cachot. Il peut interdire le port du sabre pendant soixante jours.

Les caporaux sont mis dans les mêmes salles de police et prison que les sous-officiers.

Par qui ordonnées aux soldats.

286. Les corvées et l'inspection avec la garde peuvent être ordonnées aux soldats par les autorités de tout grade. Les autres punitions sont ordonnées de la manière suivante :

Par les caporaux, quatre jours de consigne ou deux de salle de police;

Par les sous-officiers, huit jours de consigne ou quatre de salle de police ;

Par le sergent-major, dans sa compagnie, par les adjudants, les sous-lieutenants ou les lieutenants, quinze jours de consigne ou huit de salle de police, et quinze jours d'interdiction de port du sabre ;

Par les adjudants-majors ou les capitaines, trente jours de consigne, ou quinze de salle de police, ou quatre de prison, et trente jours d'interdiction de port du sabre ;

Par le capitaine, dans sa compagnie, ou par les officiers supérieurs, trente jours de consigne ou de salle de police, ou huit de prison, et soixante jours d'interdiction de port du sabre ;

Le colonel peut infliger quinze jours de prison et ordonner le cachot. Il peut interdire le port du sabre pendant quatre-vingt-dix jours.

Service des hommes punis.

287. Les caporaux et les soldats consignés ou détenus à la salle de police, ne sont dispensés d'aucun service ; ils assistent à toutes les classes d'instruction auxquelles ils sont attachés ; ils reprennent leur punition au retour ; les sous-officiers et les caporaux de semaine en sont responsables. Ils sont, en outre, exercés deux fois par jour et pendant deux heures en peloton de puni-

tion, sous le commandement d'un sous-officier désigné à cet effet; ils ne le sont qu'une fois les jours d'exercice du régiment.

Les soldats consignés ou détenus à la salle de police sont employés à toutes les corvées du quartier.

Les caporaux et les soldats en prison ou au cachot ne font pas de service; leurs centimes de poche sont versés en totalité aux ordinaires dont ils font partie.

Dispositions communes aux sous-officiers, caporaux et soldats.

288. Tout officier, sous-officier ou caporal qui inflige une punition, doit en faire informer le capitaine par le sergent-major de la compagnie à laquelle appartient l'homme puni, en indiquant le motif de la punition et le jour auquel elle expire.

A l'expiration des punitions, l'adjudant de semaine fait élargir les hommes punis, et les fait conduire à leur compagnie par les caporaux de semaine.

Lorsque des sergents et des caporaux sont chefs de poste, ils peuvent infliger aux hommes de service, sous leurs ordres, les punitions que les lieutenants sont autorisés à ordonner par les articles 285 et 286.

Les capitaines peuvent, dans leur compagnie, augmenter les punitions infligées par leurs subordonnés; ils en rendent compte. Lorsqu'il y a lieu à diminuer la punition, ils en font la demande par la voie du rapport.

Les chirurgiens peuvent infliger la consigne ou la salle de police aux sous-officiers, aux caporaux et aux soldats; ils en rendent compte au lieutenant-colonel, qui, sur leur demande, fixe la durée de la punition et la fait porter au rapport.

Le droit de consigner au quartier la totalité ou une fraction d'une troupe n'appartient qu'aux officiers généraux sous les ordres desquels elle se trouve, au commandant de la place et au commandant de cette troupe : ce dernier, lorsqu'il a jugé nécessaire d'ordonner cette punition, en informe sur-le-champ le commandant de la place, et lui en fait connaître les motifs; il en rend compte au maréchal de camp. Hors le cas d'urgente nécessité, cette consigne ne peut, sans l'autorisation du maréchal de camp ou du commandant de la place, être infligée au delà de vingt-quatre heures. Les officiers de semaine des compagnies consignées sont tenus de rester au quartier jusqu'à l'appel du soir; le colonel peut ordonner aussi que tous les officiers de ces compagnies se trouvent au quartier.

Le colonel seul peut ordonner que les hommes

punis de la prison subissent leur peine dans la prison de la place.

SUSPENSION ET CASSATION DES SOUS-OFFICIERS ET DES CAPORAUX, ET RENVOI DES HOMMES D'ÉLITE DANS LES COMPAGNIES DE FUSILIERS.

Suspensions et cassations.

289. Les sous-officiers et les caporaux peuvent être suspendus de leurs fonctions pendant un temps déterminé qui n'excèdera pas deux mois; ils seront astreints pendant ce temps au service du grade inférieur.

Les adjudants peuvent être replacés dans l'emploi de sergent-major ou celui de sergent; les sergents-majors, dans l'emploi de sergent; les sergents, dans le grade de caporal.

Enfin, les sergents-majors, les sergents et les caporaux peuvent être cassés et replacés dans les rangs des soldats.

Les suspensions sont prononcées par le commandant du régiment.

A moins de circonstances majeures et inopinées, le commandant du régiment n'inflige cette punition que sur la proposition du capitaine, l'avis du chef de bataillon et celui du lieutenant-colonel.

Si les motifs concernent l'administration, le major donne aussi son avis.

Si la faute a été commise dans un poste ou pendant tout service soumis à la surveillance des adjudants-majors et des adjudants, la proposition de l'adjudant-major de semaine et l'avis du chef de bataillon de semaine, remplacent la proposition du capitaine de la compagnie et l'avis du chef de bataillon.

Lorsqu'il y a lieu de faire descendre un sous-officier au grade ou à l'emploi inférieur, le capitaine de la compagnie, ou, s'il s'agit d'un adjudant, l'adjudant-major du bataillon, dresse une plainte qui est remise au colonel, après avoir été revêtue de l'avis du chef de bataillon, de celui du lieutenant-colonel, et, si les faits sont relatifs à l'administration, de celui du major. Cette plainte doit être accompagnée du relevé des punitions et de l'état des services du sous-officier.

Si la plainte est motivée principalement sur une faute commise dans un poste ou pendant un service soumis à la surveillance des adjudants-majors et des adjudants, elle est accompagnée en outre d'un rapport de l'adjudant-major de semaine, visé par le chef de bataillon de semaine.

Le colonel adresse le tout au maréchal de camp avec un rapport spécial.

Le maréchal de camp prend de nouvelles informations, entend, s'il y a lieu, le prévenu, et prononce.

La cassation portant atteinte à toute la carrière militaire ne doit être employée qu'avec la plus grande circonspection, et pour les fautes très-graves ou l'incorrigibilité bien reconnue.

« La cassation des sous-officiers et caporaux, « prévenus de crimes ou délits, ne doit avoir lieu « qu'après condamnation, attendu qu'aux termes « de la loi, jusque-là l'accusé est réputé inno-« cent (1er sem. 1838, p. 163); mais ils descen-« dent au rang de simples soldats immédiate-« ment après leur condamnation (2, 34, 127). »

Lorsqu'il y a lieu de casser un sergent-major, un sergent ou un caporal, on suit la marche qui vient d'être tracée pour faire descendre un sous-officier au grade ou à l'emploi inférieur.

La cassation d'un caporal est prononcée par le maréchal de camp.

La cassation d'un sergent ou d'un sergent-major est prononcée par « le ministre de la guerre « sur le rapport du général de brigade à lui trans-« mis avec son avis par le général de division, « accompagné de toutes les pièces à l'appui (1, « 53, 46 et 41). »

Les pièces concernant le renvoi dans un grade ou emploi inférieur, sont remises au colonel, qui les fait déposer aux archives du corps pour être présentées à l'inspecteur général, qui s'assure que toutes les formes ont été observées.

Lorsque des sous-officiers et des caporaux sont membres de la Légion-d'Honneur ou médaillés, ils ne peuvent être cassés que d'après l'autorisation du ministre de la guerre et sur la proposition du lieutenant général; dans tous les cas ils peuvent être suspendus de leurs fonctions.

« Toutefois le ministre peut, en ce qui concerne
« une armée en campagne ou une division située
« au delà des mers, déléguer aux officiers géné-
« raux commandants, la faculté qui lui est ré-
« servée, pour la cassation des sous-officiers or-
« dinaires, et pour la cassation des sous-officiers
« et caporaux légionnaires ou médaillés (1, 53,
« 218).

« Les démissions ou rétrogradations volontaires
« des sous-officiers et caporaux sont soumises aux
« mêmes règles et formalités prescrites pour les
« cassations et rétrogradations par mesure de dis-
« cipline (2, 43, 210). »

Les grenadiers et les voltigeurs, et les sous-officiers et les caporaux de ces compagnies sont renvoyés dans une compagnie de fusiliers sur l'ordre du colonel, d'après le rapport du capitaine, l'avis du chef de bataillon et celui du lieutenant-colonel.

En ce qui concerne la compagnie hors rang, l'officier d'habillement a les mêmes attributions que les autres commandants de compagnie, et

l'avis du major remplace celui du chef de bataillon.

Lorsqu'une ou plusieurs compagnies sont détachées hors de la division où se trouve le régiment,
le pouvoir de renvoyer les hommes d'élite dans
les compagnies de fusiliers, et de suspendre les
sous-officiers et les caporaux appartient au commandant du détachement, qui en rend compte au
colonel ; lorsqu'il y a lieu de casser des sous-officiers ou des caporaux, le commandant du détachement envoie au colonel le rapport et les pièces
à l'appui, et prend ses ordres. En temps de guerre,
il envoie directement au maréchal de camp le
rapport et les pièces à l'appui ; il rend compte
au colonel. En tout temps, lorsque le colonel est
avec une partie du régiment hors de France, le
commandant du dépôt et les commandants des
bataillons restés dans l'intérieur se conforment à
cette dernière disposition.

Comment exécutées.

290. Les suspensions sont mises à l'ordre, ainsi
que les cassations.

L'ordre annonce aussi quand un sous-officier
descend à un grade ou emploi inférieur, et quand
homme d'élite est renvoyé dans une compagnie de
fusiliers.

Les sous-officiers et les caporaux cassés passent

dans un autre bataillon. Si le bataillon est détaché à plus d'une journée de marche, ils passent
seulement dans une autre compagnie.

Les sous-officiers suspendus reçoivent leur
nourriture de l'ordinaire de la compagnie.

« Les sous-officiers et les caporaux condamnés
« correctionnellement doivent descendre au rang
« de simple soldat (2e sem. 1834, p. 127). »

CHAPITRE XXXIV

RÉCLAMATIONS

Disposition générale.

291. Les réclamations individuelles sont les
seules autorisées.

« Aucune demande ou réclamation, quelle que
« soit sa nature, ne peut être adressée directe-
« ment au ministre, sous peine de discipline.

« C'est toujours par l'intermédiaire de leurs
« chefs respectifs qu'elles doivent lui parvenir.

« MM. les officiers et militaires en congé, en non-
« activité ou en retraite, ne doivent également
« correspondre avec le ministre que par l'inter-
« médiaire des généraux commandant les dépar-
« tement où ils sont en résidence. » (*Note minis-
térielle du 25 juin 1835.)

Réclamations par suite de punitions.

292. Des punitions injustes ou trop sévères pouvant être infligées par suite de rapports inexacts, d'informations mal prises, ou par des motifs particuliers étrangers au service, les réclamations sont admises, en se conformant aux règles suivantes :

Quel que soit l'objet de la réclamation, elle ne peut être portée qu'aux officiers et aux généraux, sous les ordres immédiats desquels se trouve le militaire qui la fait.

Tout militaire recevant l'ordre d'une punition, doit d'abord s'y soumettre ; les sous-officiers, les caporaux et les soldats peuvent ensuite adresser leurs réclamations à leur capitaine ; les officiers peuvent soumettre les leurs à leur chef de bataillon ou au lieutenant-colonel.

Les réclamations relatives aux punitions infligées pendant le service sont, de préférence, adressées à l'adjudant, à l'adjudant-major ou au chef de bataillon de semaine.

Un homme qui réclame étant dans l'ivresse ne peut être entendu.

Les officiers et les sous-officiers doivent écouter avec calme les réclamations, en vérifier avec soin l'exactitude, et y faire droit lorsqu'elles sont fondées ; mais ils peuvent augmenter les punitions contre lesquelles on aurait réclamé sans de justes motifs.

Réclamations relatives à des effets d'habillement ou autres.

293. Quand un sous-officier, un caporal ou un soldat croit avoir à se plaindre de la qualité d'un effet qui lui a été donné, soit à son compte, soit à celui du corps, il le présente sans retard à son capitaine ; si sa réclamation n'est pas accueillie, il peut la soumettre au major, et même au conseil d'administration.

Manière de réclamer auprès du colonel, des généraux et des officiers de l'intendance militaire (1).

294. Dans un cas extraordinaire, les militaires de tout grade sont autorisés à s'adresser directe-

---

1 Les réclamations exposées par la voie des journaux sont formellement interdites.

C'est à son chef direct que tout militaire doit porter plainte, lorsqu'il se croit lésé dans ses droits, sauf recours à l'autorité supérieure en cas de déni de justice. De même, la publication de toute réponse à une assertion quelconque des journaux, et en général de tout écrit relatif au service, ne doit avoir lieu, de la part d'un militaire, quel que soit son grade, qu'après qu'il en a obtenu l'approbation de l'autorité supérieure immédiate.

Il a été ajouté au titre, après les mots : *des généraux,* ceux-ci : *et des officiers de l'intendance militaire. (Circulaire ministérielle du 17 juillet 1835.)*

ment au colonel, soit par écrit, soit verbalement.

Ils peuvent également adresser des réclamations par écrit aux généraux, mais seulement après avoir réclamé hiérarchiquement auprès du colonel, à moins que la réclamation ne le concerne personnellement.

Ils peuvent, de même, pour des objets concernant l'administration, réclamer, verbalement ou par écrit, auprès de l'intendant ou du sous-intendant (¹).

Réclamations concernant l'avancement.

295. Les réclamations ayant pour objet l'avancement ou toute autre récompense, doivent, à moins de cas extraordinaires, n'être faite qu'à l'époque de l'inspection générale. Toute réclamation individuelle qui parviendrait au ministre de la guerre, autrement que par les voies hiérarchiques entraînerait la punition de celui qui l'aurait adressée.

CHAPITRE XXXV

CONSEILS D'ENQUÊTE POUR LES OFFICIERS

Fautes qui leur sont déférées.

296. L'appréciation des torts ou des fautes qui, sans être de nature à entraîner la perte du grade

---

¹ Cet alinéa entier est une modification approuvée par le roi, le 8 juillet 1835.

nl à rendre justiciable d'un tribunal militaire, sont néanmoins assez graves pour ne pouvoir être réprimés par les peines de la discipline, continuera à être déférée à des conseils d'enquête.

On entend par ces torts ou ces fautes, soit la récidive fréquente dans des écarts qui donnent lieu à l'application des peines de la discipline, soit des mœurs basses et des habitudes dégradantes, soit le manquement à l'honneur, soit la passion du jeu, soit la prodigalité, quand elle entraîne à l'insolvabilité permanente, soit enfin la manifestation publique de principes contraires à l'ordre et incompatibles avec les devoirs du service.

Conseils de deux sortes.

297. Les conseils d'enquête sont de deux sortes.

Les premiers, appelés *conseils de division*, doivent apprécier les accusations portées contre les officiers supérieurs de toutes armes jusqu'au grade de colonel inclusivement, contre les officiers inférieurs autres que ceux des régiments, et contre les officiers détachés d'une autre division.

Les seconds, dits *conseils de régiment*, sont compétents seulement pour les officiers inférieurs des régiments.

Composition du conseil de division.

298. Le conseil de division est composé ainsi qu'il suit :

« Pour un colonel :

« Un général de division, président ; deux géné-
« raux de brigade et deux colonels ;

« Pour un lieutenant-colonel :

« Un général de division, président ; un géné-
« ral de brigade, un colonel, et deux lieutenants-
« colonels ;

« Pour un chef de bataillon ou major :

« Un général de division, président ; un géné-
« ral de brigade, un colonel ou lieutenant-colonel
« et deux officiers supérieurs, chef de bataillon
« ou major ;

« Pour un capitaine :

« Un général de brigade, président ; un colonel
« ou lieutenant-colonel, un chef de bataillon ou
« major et deux capitaines ;

« Pour un lieutenant :

« Un général de brigade, président ; un colonel
« ou lieutenant-colonel, un chef de bataillon ou
« un major, un capitaine et un lieutenant ;

« Pour un sous-lieutenant :

« Un général de brigade, président ; un colonel
« ou lieutenant-colonel, un chef de bataillon ou
« major, un capitaine et un sous-lieutenant ;

Composition du conseil de régiment.

299. Le conseil de régiment est composé :

« Pour un capitaine :

« Un général de brigade, président ; un colonel

« ou lieutenant-colonel, un chef de bataillon ou
« major et deux capitaines ;
  « Pour un lieutenant :
  « Un général de brigade, président ; un colonel
« ou lieutenant-colonel, un chef de bataillon ou
« major, un capitaine, un lieutenant ;
  « Pour un sous-lieutenant :
  « Un général de brigade, président ; un colonel
« ou lieutenant-colonel, un chef de bataillon ou
« major, un capitaine et un sous-lieutenant.
  300 et 301 (1).

Formes de l'enquête.

302. « Aucun officier ne peut être envoyé de-
« vant un conseil d'enquête sans l'ordre spécial
« de notre ministre de la guerre ; néanmoins,
« toutes les fois que hors du territoire français
« européen, il y aura lieu d'envoyer un officier
« devant un conseil d'enquête, les gouverneurs
« généraux et les généraux en chef exerceront
« les mêmes pouvoirs que notre ministre de la
« guerre.
  « Lorsque, pour l'une des causes prévues aux
« articles 12 et 27 de la loi du 19 mai 1834, un
« officier en activité ou en non-activité sera dans
« le cas d'être envoyé devant un conseil d'en-
« quête, un rapport spécial avec la plainte, s'il

---

1 Les articles 300 et 301 sont supprimés.

« en a été formé, sera transmis, par la voie hié-
« rarchique à notre ministre de la guerre.

« La plainte pourra être portée, par toute per-
« sonne qui se prétendra lésée, ou, d'office, par
« l'un des supérieurs de l'officier qu'elle con-
« cerne.

« Quel que soit le grade de l'officier qui la rece-
« vra, il sera tenu de la faire parvenir hiérarchi-
« quement à notre ministre de la guerre.

« Aux temps des inspections, et lorsque l'inspec-
« teur général sera sur les lieux, les pièces, au lieu
« d'être soumises à notre ministre de la guerre
« par le général commandant la division, le seront
« par l'inspecteur général auquel elles seront re-
« mises directement par le chef du corps.

« Le rapport spécial sera fait, savoir : pour l'of-
« ficier d'un corps de troupe, par le commandant
« du corps ou l'officier supérieur qu'il désignera.

« Pour les chefs de corps, jusqu'au grade de
« colonel inclusivement, par le commandant de la
« brigade ou de la subdivision territoriale.

« Notre ministre de la guerre pourra, lorsqu'il
« le jugera nécessaire, et sans l'accomplissement
« des formalités ci-dessus prescrites, envoyer d'of-
« fice un officier en activité ou en non-activité
« devant un conseil d'enquête, pour l'une des cau-
« ses spécifiées aux articles 12 et 27 de la loi du
« 19 mai 1834.

« Conformément à l'article 13 de ladite loi, lors-
« qu'un officier sera resté en non activité pendant
« trois ans, il devra être envoyé devant un con-
« seil d'enquête par notre ministre de la guerre.

« Lorsque notre ministre de la guerre enverra
« un officier devant un conseil d'enquête, il adres-
« sera au général commandant la division, toutes
« les pièces propres à éclairer le conseil.

« A la réception des pièces, le général com-
« mandant la division désignera les membres qui
« devront composer le conseil d'enquête, et nom-
« mera parmi eux un rapporteur qui sera tou-
« jours d'un grade égal à celui de l'officier objet
« de l'enquête.

Convocation du conseil.

303. « Le général convoquera le conseil en in-
« diquant à chacun de ses membres, l'époque, le
« lieu et l'objet de la convocation, et donnera à
« l'officier, objet de l'enquête, l'ordre de se ren-
« dre au conseil, au lieu, jour et heure indi-
« qués, et lui fera connaître le nom du rappor-
« teur.

« Toutes les pièces qui auront donné lieu à la
« convocation du conseil d'enquête, seront d'a-
« bord envoyées au président qui les remettra au
« rapporteur ; celui-ci fera connaître à l'officier
« qu'elles concernent l'objet de l'enquête.

« A l'ouverture de la séance, le président, après
« avoir fait introduire l'officier, objet de l'enquête,
« donnera lecture au conseil des articles 9, 10,
« 12, 13, 18 et 27 de la loi du 19 mai 1834.

« Si l'officier, objet de l'enquête, ne se présente
« pas aux lieu, jour et heure indiqués, et s'il n'a fait
« valoir aucun empêchement légitime, il sera passé
« outre et il sera fait mention de son absence au
« procès-verbal contenant l'avis du conseil d'en-
« quête.

« Le rapporteur donnera lecture de l'ordre de
« convocation et de toutes les pièces transmises
« par notre ministre de la guerre.

« L'officier envoyé devant un conseil d'enquête
« à raison de la prolongation de sa non-activité
« pendant trois ans, pourra être visité par des
« officiers de santé désignés par le président.

« Dans ce cas, le procès-verbal contenant l'avis
« du conseil d'enquête fera mention de la décla-
« ration des officiers de santé.

« Les officiers de santé et autres personnes ap-
« pelées devant le conseil pour donner des ren-
« seignements, feront leur déclaration successi-
« vement et séparément.

« L'officier, objet de l'enquête, et les membres du
« conseil pourront leur adresser les questions
« qu'ils jugeront convenables, mais par l'organe
« du président.

Fonctions du rapporteur.

304. Le rapporteur est chargé de prendre toutes les informations nécessaires.

Il rédige les procès-verbaux des séances.

Défense de l'inculpé.

305. L'officier inculpé est toujours admis à présenter devant le conseil ses moyens de défense, et à faire entendre des témoins.

Délibération et vote.

306. « Les personnes appelées devant le con-
« seil, entendues, le président consultera les
« membres du conseil pour savoir s'ils se trou-
« vent suffisamment éclairés. Dans le cas de l'af-
« firmative, il fera retirer l'officier, objet de l'en-
« quête; dans le cas contraire, l'enquête conti-
« nuera.

« L'enquête terminée, le président, suivant le
« cas, posera séparément, et dans les termes ci-
« après les questions suivantes :

« 1° M........ est-il dans le cas d'être mis en ré-
« forme pour inconduite habituelle?

« 2° Est-il dans le cas d'être mis en réforme
« pour fautes graves dans le service?

« 3° Est-il dans le cas d'être mis en réforme
« pour fautes graves contre la discipline?

« 4° Est-il dans le cas d'être mis en réforme
« pour faute contre l'honneur?

« M...., en non activité depuis plus de trois ans,
« est-il dans le cas d'être mis en réforme comme
« reconnu non susceptible d'être rappelé à l'ac-
« tivité?

« Enfin, M....., condamné à plus de six mois de
« prison par jugement du....., est-il dans le cas
« d'être mis en réforme?

« Aucune autre question que celles indiquées
« ci-dessus ne pourra être soumise au conseil
« d'enquête.

« Sur chacune des questions que le conseil aura
« à décider pour former son avis, les membres
« iront au scrutin secret, en déposant dans une
« urne, pour l'affirmative, une boule sur laquelle
« sera inscrit le mot *oui,* et, pour la négative,
« une boule noire sur laquelle sera inscrit le mot
« *non.*

« La majorité formera l'avis du conseil.

« Le résultat du vote sera consigné dans le pro-
« cès-verbal contenant l'avis du conseil et signé
« par tous les membres.

« Les séances du conseil d'enquête ne peuvent
« avoir lieu qu'à huis-clos.

« Le conseil d'enquête sera dissous de plein
« droit aussitôt après qu'il aura donné son avis
« sur l'affaire pour laquelle il a été convoqué.

« Le procès-verbal contenant l'avis du conseil
« d'enquête doit être envoyé au ministre de la

« guerre, avec toutes les pièces à l'appui, par l'in-
« termédiaire du général commandant la divi-
« sion. » (*Ordonnance du 21 mai 1836.*)

POSITION DE L'OFFICIER SANS EMPLOI

Non-activité.

307. « La non-activité est la position de l'offi-
« cier hors cadre et sans emploi.

« L'officier en activité ne peut être mis en non-
« activité que par l'une des causes ci-après :

« Licenciement de corps;

« Suppression d'emploi;

« Rentrée de captivité à l'ennemi, lorsque l'of-
« ficier prisonnier de guerre a été remplacé dans
« son emploi ;

« Infirmités temporaires ;

« Retrait ou suspension d'emploi.

« La mise en non-activité pour retrait ou sus-
« pension d'emploi a lieu par décision royale, sur
« le rapport du ministre de la guerre.

« Les officiers en non-activité par licencie-
« ment de corps, suppression d'emploi ou rentrée
« de captivité à l'ennemi, sont appelés à remplir
« la moitié des emplois de leur grade vacants dans
« l'arme à laquelle ils appartiennent.

« Le temps passé par eux en non-activité leur
« est compté comme service effectif pour les

« droits à l'avancement, au commandement, à la
« réforme et à la retraite.

« Les officiers en non-activité pour infirmités
« temporaires et par retrait ou suppression d'em-
« ploi, sont susceptibles d'être remis en activité.

« Le temps passé par eux en non activité leur
« est compté comme service effectif pour la ré-
« forme et pour la retraite seulement.

De la réforme.

308. « La réforme est la position de l'officier
« sans emploi qui, n'étant plus susceptible d'être
« rappelé en activité, n'a pas de droits acquis à la
« pension de retraite.

« La réforme peut être prononcée : 1° pour in-
« firmités incurables ; 2° par mesure de disci-
« pline.

« La réforme pour infirmités incurables sera
« prononcée dans les formes voulues par la loi du
« 11 avril 1831, sur les pensions de l'armée de
« terre.

« Un officier ne peut être mis en réforme, pour
« cause de discipline, que par l'un des motifs ci-
« après :

« Inconduite habituelle ;

« Fautes graves dans le service ou contre la dis-
« cipline ;

« Fautes contre l'honneur ;

« Prolongation au-delà de trois ans de la posi-
« tion de non-activité, sauf la restriction ci-après:

« La réforme par mesure de discipline des offi-
« ciers en non-activité sera prononcée par déci-
« sion royale, sur le rapport du ministre de la
« guerre, d'après l'avis d'un conseil d'enquête,
« dont la composition et les formes sont indiquées
« ci-devant, art. 298.

« La réforme, à raison de la prolongation de la
« non-activité pendant trois ans, ne pourra être
« prononcée qu'à l'égard de l'officier qui, d'après
« l'avis du conseil, aura été reconnu non suscep
« tible d'être rappelé à l'activité.

« Les avis du conseil d'enquête ne pourront
« être modifiés qu'en faveur de l'officier. » (*Loi du
19 mai 1834 sur l'état des officiers.*)

309, 310, 311, 312 et 313. (Ces articles sont supprimés.)

CHAPITRE XXXVI

CONSEILS DE DISCIPLINE POUR LES SOLDATS

Envoi aux compagnies de discipline.

314. Les soldats qui, sans avoir commis des délits justiciables des conseils de guerre, persévè-
rent néanmoins à porter le trouble et le mauvais
exemple dans le régiment, sont désignés au lieu-

tenant général pour être incorporés dans une compagnie de discipline.

Lorsqu'un capitaine juge qu'un soldat de sa compagnie a mérité d'être envoyé dans une compagnie de discipline, il en fait le rapport par écrit à son chef de bataillon, en précisant les fautes ou les contraventions du soldat, les punitions qui lui ont été infligées, et les récidives qui donnent à sa conduite un caractère de persévérance, dangereux pour l'ordre et la police du corps.

Le chef de bataillon adresse ce rapport, avec son avis, au lieutenant-colonel, qui le transmet au colonel. Le colonel, ou, lorsqu'il est absent, le commandant du régiment, convoque un conseil de discipline, composé d'un chef de bataillon, des trois plus anciens capitaines et des trois plus anciens lieutenants du régiment, pris hors du bataillon auquel appartient le militaire inculpé.

« Toutefois, si le corps ou le détachement ne « présente pas en officiers les ressources suffi- « santes pour la formation d'un conseil, le géné- « ral de brigade désignera, suivant le cas, pour « composer ou compléter le conseil de discipline, « des officiers des autres corps de la garnison, et, « à défaut, des officiers appartenant à la garnison « la plus voisine. » (*Décision ministérielle du 28 mars* 1849.)

Dans un bataillon détaché hors du département dans lequel le régiment est stationné, le conseil de discipline est convoqué, sur la demande du chef de bataillon, par le maréchal de camp commandant la brigade ou la subdivision militaire dont le bataillon fait partie ; il est composé du plus ancien capitaine, des deux plus anciens lieutenants et des deux plus anciens sous-lieutenants, pris hors de la compagnie à laquelle appartient le soldat. Lorsque le bataillon est commandé par un capitaine, le capitaine le plus ancien après lui préside le conseil de discipline.

« Le chef et l'adjudant-major du bataillon,
« ainsi que le capitaine de la compagnie dont
« fait partie le soldat, sont consultés. Lorsqu'ils
« se sont retirés, le soldat est entendu dans sa
« défense. Le conseil rédige ensuite son avis mo-
« tivé, dans lequel il doit mentionner les services
« de l'inculpé. Cet avis est remis au colonel, et,
« s'il le reconnaît défavorable au soldat, il le
« transmet, avec son opinion particulière, au gé-
« néral de brigade, en y joignant le rapport du
« capitaine, l'avis du chef de bataillon et le re-
« levé de ses punitions. Ce relevé doit être en
« double expédition. Le général adresse toutes
« ces pièces, avec son avis, au commandant de la
« division, qui prononce, et qui, s'il y a lieu,
« fait diriger le militaire sur une des compagnies

« de discipline que le ministre a désignées d'a-
« vance. Le militaire attend dans la prison de la
« place la décision du général commandant la di-
« vision.

« Quand le général commandant juge que tous
« les moyens de répression n'ont pas été épuisés,
« il ne donne pas suite à la demande du conseil,
« et peut infliger au soldat que cette demande
« concerne une détention dans un fort ou dans
« une prison militaire. Cette détention ne doit
« pas excéder deux mois. Dans tous les cas, il
« rend compte au ministre. » (*Décision du 8 juin*
1849.)

CHAPITRE XXXVII

ASSIETTE DU LOGEMENT ; CASERNEMENT

Par qui les détails en sont suivis.

315. En arrivant dans une garnison, le major
reçoit de l'officier qui a devancé la troupe, les
premiers renseignements sur l'établissement du
régiment ; il fait, en se conformant aux règlements, les dispositions nécessaires pour l'assiette
du logement.

Un lieutenant ou un sous-lieutenant, désigné
par le colonel sur la proposition du major, est
chargé, sous ses ordres, de suivre tous les détails

du casernement. L'adjoint au trésorier ou le porte-drapeau peut en être chargé lorsque ces détails ne l'empêchent pas de vaquer à ses fonctions spéciales.

Dans un bataillon ou des compagnies détachées, un officier ou l'adjudant est chargé par le commandant du détachement de suivre, sous sa direction, les détails du casernement.

Logement des compagnies.

316. Soit que le régiment occupe une ou plusieurs casernes, soit qu'il loge chez l'habitant, le logement est assis selon le rang des bataillons entre eux ; dans les bataillons, selon le rang des compagnies, et dans les compagnies selon le rang des sections, demi-sections et escouades.

Le sergent-major et le fourrier logent ensemble, autant que possible, dans une chambre particulière, au centre de la compagnie.

Les sergents logent ensemble.

Logement du petit état-major et de la compagnie hors rang.

317. Les adjudants ont chacun une chambre à portée de leur bataillon ; à défaut de chambre particulière, ils logent ensemble.

Le tambour-major et le maître de musique ont chacun une chambre, s'il est possible ; dans le cas contraire, ils logent ensemble.

Les caporaux-tambours logent à portée de leur bataillon, séparément ou ensemble, et même, lorsque les localités l'exigent, avec les sapeurs ou avec les grenadiers.

Les musiciens logent ensemble, dans une ou plusieurs chambres.

Le vaguemestre loge toujours seul.

Les maîtres ouvriers logent dans leurs ateliers; leurs ouvriers à proximité d'eux.

Un emplacement spécial est destiné aux tables des sous-officiers.

État des lieux ; réception des fournitures de couchage.

318. L'officier de casernement constate avec l'officier du génie, avant l'occupation, l'état du quartier que le régiment doit occuper ; il signe l'état des lieux, ainsi que le major.

La réception des fournitures de couchage a lieu à l'arrivée du régiment ; les officiers de semaine y assistent ; les fournitures sont examinées avec le plus grand soin ; tout ce qu'elles ont de défectueux est constaté par écrit. S'il s'élève des contestations, le major les soumet au sous-intendant militaire.

État, par compagnie, des objets de casernement.

319. L'officier de casernement fait dresser par

les fourriers l'état de ce que contiennent les chambres de leur compagnie : ces états sont vérifiés et arrêtés par les capitaines.

Tableau des logements.

320. Dès que le régiment est établi, l'officier de casernement remet au major un état général, indiquant le logement de chaque officier, celui des bataillons, des compagnies de l'état-major. Le major, après avoir visé cet état, le remet au colonel.

Chaque capitaine remet à son chef de bataillon l'état du logement de sa compagnie.

Registre des bons de fournitures.

321. L'officier de casernement tient un registre sur lequel il inscrit les fournitures et les objets de casernement reçus des magasins militaires et ceux qu'il délivre aux compagnies et à l'état-major. Il reçoit les bons des capitaines pour les compagnies, et de l'officier d'habillement pour l'état-major et la compagnie hors rang ; il les soumet à l'approbation du major, qui vérifie et arrête le registre tous les trois mois.

Visites trimestrielles.

322. Tous les trois mois, il fait une visite générale des fournitures et du casernement ; il en fait prévenir les capitaines ; les officiers de section y

assistent. L'officier de casernement prescrit, au compte de qui de droit, les réparations ou le remplacement des objet détériorés ou perdus.

Une semblable visite est faite avant le départ du régiment.

S'il y a des réclamations, le major en décide.

Changement des draps de lit.

323. L'officier de casernement fait changer les draps de lit tous les vingt jours en été, et tous les mois en hiver.

Il est donné des draps blancs à tout homme arrivant au régiment; les draps d'un homme qui s'absente sont retirés.

Nettoyage des cheminées.

324. L'officier de casernement veille à ce que les cheminées soient nettoyées aussi souvent qu'il est nécessaire.

Remise du casernement au départ.

325. Lorsque le régiment doit quitter la garnison, l'officier de casernement, la veille du départ, dès le matin, fait rendre par les fourriers les fournitures de lits. Les capitaines, ou, à leur défaut, les officiers de semaine, assistent à cette remise.

Les chambres, les corridors, les escaliers et les cours du quartier sont mis dans le plus grand état de propreté ; faute de quoi les frais du balayage qui en résulte sont au compte des compagnies.

Le lendemain, dès que le régiment est assemblé, l'officier de casernement procède, avec le préposé du génie, et en présence des fourriers, à l'estimation des dégradations provenant du fait de la troupe, qui n'ont pas été réparées. S'il y a des contestations, elles sont soumises par le major au sous-intendant militaire.

CHAPITRE XXXVIII

TABLES

Tables des officiers (1).

326. Le lieutenant-colonel est spécialement chargé de la surveillance des tables d'officiers; il règle dans un esprit de rigoureuse économie le prix des pensions, et s'assure que le paiement a régulièrement lieu tous les mois.

Les officiers supérieurs vivent ensemble.

Les capitaines et les adjudants-majors forment

---

1 Les dispositions de l'article 326 sont également applicables aux chirurgiens-majors et aides-majors employés dans les corps de troupe, attendu qu'ils doivent se conformer, comme tous les autres officiers, aux mesures d'ordre et de discipline. (*Solution ministérielle du 20 février 1835.*)

une ou plusieurs tables ; les lieutenants et les sous-lieutenants en forment plusieurs autres.

Pendant la saison des semestres, ainsi qu'en route et dans les détachements, les officiers supérieurs peuvent manger avec les capitaines.

Les officiers mariés, dont la famille est aux corps, sont autorisés à manger chez eux.

Lorsque le régiment est divisé, ou lorsque, pour tout autre motif, des officiers de différents grades vivent ensemble, les dépenses sont toujours réglées sur les appointements de l'officier le moins élevé en grade.

Tables des sous-officiers.

327. Les adjudants vivent ensemble ; il en est de même des sergents-majors.

Dans un bataillon détaché, l'adjudant peut vivre avec les sergents-majors.

Les sergents et les fourriers vivent ensemble par bataillon ou par demi-bataillon.

Le prix des pensions des sous-officiers est proportionné à leur solde, et réglé par le lieutenant-colonel.

En détachement, quand les sous-officiers ne peuvent vivre séparément, il tirent leur subsistance de l'ordinaire des soldats, en y versant par jours cinq centimes de plus qu'eux ; la soupe leur est mise à part.

Les adjudants surveillent et dirigent, sous les adjudants-majors, tout ce qui regarde les tables des sous-officiers ; ils exigent que les dépenses en soient régulièrement payées. A cet effet, il est placé dans les pensions un cahier servant à recevoir, chaque jour de prêt, les quittances de ceux qui tiennent ces pensions ; l'adjudant-major vise ce cahier tous les quinze jours au moins.

Repas de corps.

328. Les repas de corps sont généralement interdits ; cependant, dans quelques circonstances rares, le colonel, avec l'approbation du maréchal de camp commandant, peut les autoriser, et dans ce cas ils ont lieu par grade.

CHAPITRE XXXIX

DETTES

Dettes des officiers (¹).

Devoirs des officiers supérieurs.

329. Les officiers supérieurs doivent donner l'exemple de l'ordre et de l'économie.

---

¹ Les articles 329 et 330, qui concernent les dettes des officiers, intéressant essentiellement la discipline, les officiers de santé ne peuvent se soustraire à leur application. (*Solution ministérielle du 20 février 1835.*)

Le lieutenant-colonel tient la main à ce qu'aucun officier ne se livre à des dépenses qui le mettent dans le cas de contracter des dettes. Il surveille particulièrement ceux qui ont l'habitude d'en contracter, ou qui ont le goût du jeu.

Les officiers qui font des dettes sont sévèrement punis ; il est fait mention de leur conduite sous ce rapport au registre du personnel.

Retenues sur les appointements.

330. Lorsque des officiers font des dettes, soit pour leur nourriture, soit pour leur logement, leur tenue ou d'autres fournitures relatives à leur état, la totalité de leurs appointements, moins ce qui est nécessaire pour les dépenses courantes et indispensables, est employée à les acquitter. Le colonel, sur le compte qui lui en est rendu par le lieutenant-colonel, donne les ordres pour que le paiement soit fait dans le plus bref délai possible ; dans ce cas, il peut prescrire aussi que les officiers tirent leur nourriture d'un ordinaire de sous-officiers.

Lorsque les officiers ont des dettes d'une nature autre que celles ci-dessus, elles sont, après l'acquittement des premières, payées au moyen d'une retenue d'un cinquième de leurs appointements. Cette retenue est ordonnée par le colonel, sur l'avis du lieutenant-colonel et la représentation des titres constatant la légitimité des créances. Le lieutenant-colonel inscrit en marge de ces titres les termes fixés pour le paiement; les acquis sont remis pour comptant aux officiers par le trésorier.

Les indemnités, les gratifications d'entrée en campagne et le traitement de la Légion-d'Honneur ne sont pas passibles de cette retenue.

Les retenues ont lieu de plein droit, quand elles sont ordonnées par le ministre, ou requises en vertu d'oppositions ou de saisies judiciaires. Elles n'excluent, dans aucun cas, l'action des créanciers sur les biens meubles et immeubles de leurs débiteurs, suivant les règles établies par les lois.

Poursuites judiciaires.

331. Les actions en recouvrement de créances sont du ressort des magistrats civils; les officiers et les juges militaires ne peuvent en prendre connaissance qu'à l'armée et hors du royaume; ils ne peuvent non plus apporter aucun obstacle à la poursuite ou à l'exécution du jugement.

Les armes, les chevaux, les livres, les instruments d'étude, les effets d'habillement et d'équipement dont les règlements prescrivent que les officiers soient pourvus, ne peuvent être saisis ni vendus au profit des créanciers.

DETTES DES SOUS-OFFICIERS, DES CAPORAUX ET DES SOLDATS.

Vigilance des officiers.

332. Les officiers, et surtout les capitaines, doivent employer une grande vigilance à empêcher les sous-officiers, les caporaux et les soldats de faire des dettes ; ils punissent avec sévérité ceux qui en contractent. La suspension et même la cassation sont encourues par les sous-officiers et les caporaux en cas de récidive.

Créanciers sans recours sur la solde.

333. Il est interdit aux sous-officiers, aux caporaux et aux soldats de contracter, sous quelque prétexte que ce soit, aucun emprunt, dette ou engagement, et les créanciers sont sans recours légal sur leur solde. Lorsque le capitaine a autorisé la dette, il en est responsable. Dans ce cas, il peut ordonner des retenues sur la solde des sous-officiers ; il les fait alors vivre à l'ordinaire du soldat.

Dans les villes où il n'y a pas d'état-major de place, le colonel, à l'arrivée du régiment, invite l'autorité municipale à faire publier ces dispositions, afin que les habitants ne soient pas exposés à des pertes, et qu'ils ne contribuent pas au dérangement des militaires par une blâmable facilité.

TITRE III

ROUTES DANS L'INTÉRIEUR

CHAPITRE XL

ROUTES

DISPOSITIONS PRÉLIMINAIRES

Marches militaires (1).

334. Pour disposer les hommes à la route, il est fait, plusieurs jours avant le départ, des marches militaires avec armes et bagages.

L'adjoint au trésorier devançant le régiment.

335. Un ou deux jours avant que le régiment se mette en route, l'adjoint au trésorier part pour faire dans chaque gîte les dispositions suivantes :

1° Il se présente à son arrivée chez le général commandant la division ou la subdivision ; il remet au commandant de la place, au sous-intendant militaire et au maire, une situation numérique du régiment, avec l'indication de l'ordre

---

1 *Voyez* l'annotation de l'art. 229.

dans lequel les bataillons voyagent, si le régiment ne marche pas réuni.

2° Il fait préparer le logement de manière que l'ordre de bataille soit observé, et que les officiers, les sous-officiers et les soldats de la même compagnie soient logés, autant que possible, dans la même rue ou le même quartier; il demande pour les chefs d'ordinaire des maisons où la soupe puisse se faire et se manger commodément par escouade; il recommande qu'il ne soit pas délivré de billets de logement pour les maisons qui ne sont pas habitées, et que les habitants qui ne logent pas les militaires chez eux fassent connaître à l'avance les maisons où ils les envoient, afin que les billets soient faits en conséquence, et que ces militaires puissent s'y rendre directement.

3° Il s'assure qu'on a préparé les vivres nécessaires à la consommation du régiment, ainsi que les voitures destinées aux transports à la suite du corps. Si dans certaines localités il est reconnu nécessaire de passer des marchés pour la viande et le pain de soupe, les maires interviennent dans la fixation du prix de ces denrées. Les marchés doivent exprimer que les distributions se feront par escouade, et, autant que possible, dans chaque cantonnement, si le régiment ou les bataillons sont divisés.

4° Avant son départ de chaque gîte, il laisse à

la mairie une lettre pour le chef de bataillon qui arrive le premier ; il l'informe des mesures prises pour le logement, les vivres et les transports, ainsi que des marchés, s'il en a passé. Le chef de bataillon, après avoir ajouté ses observations au bas de cette lettre, la remet à la mairie pour le chef de bataillon suivant.

Si quelque partie de la troupe doit être détachée en arrière ou sur les côtés du lieu d'étape, l'adjoint au trésorier demande au maire un guide pour chaque détachement, et prend les mesures nécessaires pour que le chef de bataillon en soit prévenu à temps, et que le pain y soit porté avant l'arrivée de la troupe. Il lui indique les points où, pour ne pas faire de chemin inutile, les détachements doivent se séparer du corps, et ceux où ils peuvent rejoindre le lendemain. Chaque chef de bataillon donne le même avis à celui qui marche après lui.

Dans les séjours, l'adjoint au trésorier attend le régiment ou le bataillon qui marche le premier ; il prend les ordres du colonel ou du chef de ce bataillon, et se fait remettre les mutations.

Le commandant d'un bataillon ou d'un détachement qui doit faire route isolément, désigne un officier pour devancer la troupe, et remplir les fonctions attribuées à l'adjoint au trésorier.

Tenue.

336. L'ordre de l'avant-veille du départ prescrit la tenue pour la route.

Livres et comptabilité des compagnies. Contrôles et états pour la route.

337. Les sergents-majors de chaque bataillon réunissent dans une caisse ou dans un ballot leurs registres et papiers de comptabilité ; cette caisse est placée sur une des voitures qui marchent avec le bataillon.

Les effets des soldats qui ne peuvent être mis dans le sac, et ceux qui appartiennent à la compagnie en général sont remis dans un ballot, étiqueté au numéro de la compagnie, et déposé au magasin d'habillement.

Les sergents-majors ne conservent qu'un cahier contenant le contrôle de la compagnie par sections, demi-sections, escouades et camarades de lit. Ils inscrivent sur ce cahier les mutations, les punitions, le prêt, les distributions et les effets délivrés aux hommes. Ils font préparer les états qui peuvent leur être demandés pendant la route, tels que feuilles d'appel et feuilles de prêt, états pour le logement, etc.

Chaussure.

338. Les capitaines passent une revue de la

chaussure, et y font faire les réparations nécessaires. Chaque homme doit être pourvu de deux
bonnes paires de souliers. Les souliers neufs ou
nouvellement réparés doivent avoir été portés
avant le départ.

Une caisse contenant des souliers et des guê-
tres est placée sur les équipages pour les besoins
qui peuvent survenir pendant la route. Si les bataillons voyagent séparément, il en est remis à
chaque chef de bataillon une certaine quantité
proportionnée à la longueur de la route

LOGEMENT

Composition et départ du logement.

339. Le logement, composé de l'adjudant de
semaine, des fourriers et d'un soldat au moins
par compagnie, et la garde de police montante,
partent une heure avant le régiment, sous les
ordres d'un capitaine qui est commandé chaque
jour pour ce service, et chargé des distributions.

Devoirs du capitaine, de l'officier de garde et du major à leur arrivée.

340. Dès son arrivée, le capitaine se rend chez
le commandant de la place et chez le sous-intendant militaire pour les prévenir de l'heure pré-
sumée de l'arrivée du régiment. Lorsqu'il n'y a
pas de commandant de place, il se présente chez
le maire.

Il s'assure que le logement soit fait conformément aux principes prescrits, et prend les mesures nécessaires pour que les voitures demandées par l'adjoint au trésorier soient exactement fournies, et qu'elles puissent être chargées le soir même.

Il va reconnaître le pain. S'il y a lieu de se plaindre de son poids ou de sa qualité, il fait immédiatement ses réclamations au sous-intendant militaire, ou, à son défaut, au maire. Il le fait aussitôt distribuer aux fourriers.

L'officier commandant la garde de police l'établit dans le corps-de-garde, et fait placer une sentinelle devant le logement du colonel; il reconnaît l'emplacement convenable pour décharger et placer les équipages; il envoie un soldat au-devant d'eux pour les conduire.

A l'arrivée du corps, il se rend à la mairie pour recevoir les réclamations des soldats qui demandent à changer de logement; il y reste deux heures.

Lorsque le régiment marche réuni, le major et le trésorier partent avec le logement; le trésorier s'occupe de l'établissement du logement, et veille à ce que les voitures soient fournies; le major fait toutes les démarches que le bien du service peut rendre nécessaires.

Devoirs de l'adjudant.

341. L'adjudant distribue les billets de logement aux fourriers; il remet aux fourriers de grenadiers ceux du chef, de l'adjudant-major et du chirurgien de leur bataillon, et au fourrier de la compagnie hors rang le billet du porte-drapeau.

Il reconnaît le logement du colonel, celui du lieutenant-colonel, et l'emplacement le plus convenable pour les rassemblements.

Il établit un état sommaire du logement indiquant les rues occupées par les différentes compagnies, et le remet au colonel, ou au chef de bataillon, si les bataillons voyagent séparément.

Il remet au corps-de-garde de police une note indiquant le logement des officiers de l'état-major, des chirurgiens, des adjudants, du tambour-major et du vaguemestre.

Il va ensuite au-devant du corps jusqu'à la dernière halte, et le conduit sur la place.

Devoirs des fourriers.

342. Aussitôt que les fourriers ont reçu les billets de logement, ils inscrivent au dos les noms des hommes auxquels ils sont destinés, ayant soin de ne loger ensemble que des hommes d'une même escouade. Ils logent un tambour dans la même maison que le sergent-major ou près de lui.

Ils vont ensuite à la distribution du pain, et le

font porter au centre du quartier que la compagnie doit occuper, puis ils vont reconnaître les logements de leurs officiers. Les fourriers de grenadiers reconnaissent les logements du chef, de l'adjudant-major et du chirurgien de leur bataillon ; le fourrier de la compagnie hors rang reconnaît le logement du porte-drapeau.

Ils dressent un état général et sommaire du logement de la compagnie, portant l'indication des rues et des maisons, ainsi que celle du logement du capitaine et du sergent-major. Ce sous-officier le communique au capitaine, ainsi qu'aux officiers qui veulent le consulter.

Les fourriers se rendent ensuite sur la place pour y attendre leur compagnie.

Il est défendu aux fourriers, sous peine de suspension ou de cassation, de faire avec les habitants aucun trafic de billets.

Malades écloppés.

343. Les hommes malades ou écloppés, qui ne sont point admis à monter sur les voitures, partent en même temps que le logement ; ils sont conduits au rendez-vous par les caporaux de semaine, et placés sous le commandement d'un sergent et d'un caporal désignés à cet effet ; leur marche est réglée sur celle des plus faibles. Ceux

qui sont dans l'impossibilité de porter leurs fusils marchent avec les équipages.

A leur arrivée au gîte, ils se rendent sur la place, où les fourriers leur distribuent leurs billets de logement. Si, avant d'entrer en ville, ils sont rejoints par le régiment, ils marchent à sa suite.

A l'heure fixée, les malades et les écloppés sont visités et pansés au corps-de-garde de police. Le chirurgien désigne ceux qui doivent être admis sur les voitures le lendemain, ceux à qui il est permis d'y placer le sac, et ceux qui doivent partir en même temps que le logement. L'autorisation de monter sur les voitures ou d'y placer le sac est donnée par écrit. Les sergents de semaine se trouvent à cette visite pour prendre connaissance des décisions du chirurgien et en informer le capitaine. Le chef de bataillon de semaine y assiste autant que possible ; le chirurgien-major en rend compte au lieutenant-colonel. Les caporaux font connaître le logement des hommes de leur escouade qui ne peuvent venir au corps-de-garde : un des chirurgiens va les visiter.

Dans un bataillon voyageant séparément, le chef de bataillon peut être remplacé à la visite des malades par l'adjudant-major.

Le colonel prend toutes les mesures nécessaires pour empêcher les soldats d'entrer pendant la route dans les hôpitaux militaires ou civils, à moins qu'ils n'y soient envoyés par les chirurgiens du régiment. Il charge un officier de se présenter en son nom à l'autorité municipale des villes que le régiment traverse ou dans lesquelles il loge, de l'inviter à n'admettre dans les hospices que les militaires porteurs d'un billet signé d'un chirurgien du corps, et de lui donner le nom des hommes restés en arrière sans autorisation, afin que, si ces hommes se présentent à elle, elle puisse en avertir la gendarmerie. A leur retour, ces hommes sont sévèrement punis.

Les mêmes précautions sont expressément recommandées aux commandants de détachement ; s'ils n'ont pas de chirurgien avec eux, ils font visiter par un officier de santé civil, et en leur présence, les militaires qui demandent leur admission à l'hôpital.

DÉPART ET MARCHE

Rassemblement.

344. Une heure et demie avant le départ, le tambour de la garde de police, aidé au besoin par un ou plusieurs tambours, bat *aux champs* dans les quartiers occupés par la troupe. A cette batterie, le logement et la garde montante se rassemblent sur la place, et partent dès qu'ils sont réunis; il en est de même des écloppés.

Une heure après, les tambours se réunissent sur la place ; le tambour-major en fait l'appel, et les envoie battre *le rappel.*

Le colonel rapproche les heures de ces batteries lorsqu'il le juge nécessaire, ou que les soldats ont acquis l'habitude de se réunir avec ordre et célérité.

A moins de nécessité absolue, le régiment ne se met pas en route avant le jour. Lorsque le trajet est court, le colonel retarde l'heure du départ pour laisser plus de repos à la troupe.

Au rappel, les compagnies se rassemblent promptement au lieu où elles ont rompu la veille ; le sergent-major fait l'appel ; s'il manque quelqu'un, il envoie le caporal d'escouade au logement de l'absent ; si on ne l'y trouve pas, il remet son nom à l'officier de garde ; si on soupçonne qu'il a déserté, il en est donné avis sur-le-champ au commandant de la gendarmerie, et le signalement est envoyé aussitôt que possible.

Pendant la réunion, le capitaine, aidé des officiers de la compagnie, passe rapidement l'inspection ; elle porte principalement sur l'état de la chaussure et des armes ; dès que la compagnie est formée, le capitaine la conduit au rassemblement général. En y arrivant, il fait son rapport au chef de bataillon ; le sergent-major rend l'appel au capitaine de semaine.

La compagnie qui doit aller au drapeau se rend directement devant le logement du colonel, où se réunissent les tambours du bataillon dont elle fait partie, ainsi que la musique.

Les officiers supérieurs font leur inspection pendant la marche.

En cas de réunion ou de départ imprévu, soit de jour, soit de nuit, on bat *la marche particulière du régiment;* les compagnies se réunissent sur-le-champ avec armes et bagages, et se rendent au rassemblement général.

Garde descendante.

345. Lors du rassemblement du régiment, l'officier de garde fait conduire à leurs compagnies les hommes punis de la salle de police et de la prison.

Une partie de la garde descendante, sous le commandement du sergent, prend sous son escorte les sous-officiers punis de la prison, et les caporaux et les soldats punis du cachot, et marche avec eux entre le premier et le deuxième bataillon; s'il n'y a qu'un bataillon, cette garde marche après la première division; elle a toujours la baïonnette au canon; elle reçoit les hommes qui, pendant la marche, sont punis du cachot, et les sous-officiers qui sont punis de la prison; à la dernière halte, elle se place à la gauche du régiment, et, à son arrivée, elle remet les prisonniers au corps-de-garde de police.

L'autre partie de la garde, sous les ordres du caporal, est chargée de l'escorte des équipages, lorsqu'il s'agit d'un bataillon voyageant séparément. Si le régiment marche réuni, elle rentre dans les compagnies.

Départ.

346. Le régiment se met en marche en bon ordre, et, autant que possible, en colonne; les tambours et la musique battent et jouent alternativement. Lorsque le régiment est hors du lieu où il a couché, les tambours et la musique cessent. Le colonel fait prendre le pas de route et marcher par le flanc sur trois rangs, toutes les fois que l'état des chemins le permet, laissant le milieu de la route libre. Lorsqu'on est forcé de se mettre sur deux rangs, le premier et le troisième marchent chacun sur un des côtés de la route; le second rang se partage, les numéros impairs au premier rang et les numéros pairs au troisième.

Lorsqu'on marche sur trois rangs, le capitaine conduit le premier rang; le sous-lieutenant le second, le sous-officier de remplacement le troisième; le lieutenant marche à la gauche du premier rang, le sergent-major à la gauche du second, le guide de gauche à la gauche du troisième; le troisième et le quatrième sergent marchent entre la première et la deuxième section, au premier et au troisième rang.

Lorsqu'on marche sur deux rangs, le sous-lieutenant conduit le premier rang ; le capitaine et le sergent-major marchent alors entre les rangs, afin de surveiller toute la compagnie.

Tête de colonne. Avant-garde.

347. Le régiment marche alternativement la droite ou la gauche en tête ; il se reforme toujours la droite en tête pour entrer au gîte.

La compagnie hors rang marche entre le septième peloton et les voltigeurs du bataillon qui voyagent avec l'état-major, ou du dernier bataillon, si le régiment marche réuni.

Le bataillon qui est en tête fournit l'avant-garde ; elle est composée des sapeurs et d'une section ou demi-section de voltigeurs ; elle marche à trois cents pas en avant du régiment, et ne laisse passer en avant aucun sous-officier ou soldat. A la dernière halte, elle reprend sa place dans la colonne.

Ordre pendant la marche.

348. On commence toujours la route d'un pas modéré ; on en augmente progressivement la vitesse, lorsque l'ordre de marche est bien établi et que le soldat est en haleine. Le chef de bataillon

s'assure que l'officier ou le sous-officier qui marche en tête de la colonne ait un pas bien réglé. Les officiers et les sous-officiers placés à la tête des compagnies cherchent à ne pas perdre leurs distances, sans s'astreindre scrupuleusement à avoir toujours la tête des trois rangs à la même hauteur ; quand les distances sont perdues, ils les reprennent insensiblement et sans à-coup.

Les officiers et les sous-officiers veillent à ce que les soldats ne quittent pas leur rang sans permission, et à ce que, dans les mauvais pas, chacun suive l'homme qui le précède. S'il pleut, ils ont soin que les batteries des fusils soient enveloppées. Il y a toujours à la queue de la colonne un chirurgien chargé de visiter les hommes qui ne peuvent pas suivre.

Place et service des tambours et clairons.

349. Les tambours et les clairons marchent réunis à la tête de leur bataillon ; ils battent ou sonnent toutes les fois que le régiment passe dans une ville ou dans un village. Un d'eux est toujours prêt à faire les batteries que le chef de bataillon ordonne, et à répéter celles qui viennent de la tête ou de la queue de la colonne.

Un tambour ou clairon est placé à la queue de la colonne, sous la direction d'un officier de la dernière compagnie, pour rappeler quand la gauche ne peut suivre en ordre, ou lorsque l'obscurité ou la difficulté des chemins produit de l'allongement dans la colonne.

Ces rappels sont répétés jusqu'à la tête du régiment, qui s'arrête alors. Dès que la queue a serré, le tambour bat *aux champs*; cette batterie est répétée jusqu'à la tête, qui se remet en marche.

Dans les marches de nuit, un sous-officier ou caporal est placé aux embranchements de route, et relevé successivement de bataillon en bataillon. Celui du dernier bataillon y reste jusqu'à l'arrivée des équipages.

Haltes.

350. Les haltes sont annoncées par un roulement que fait le tambour de la tête; chaque compagnie serre sur celle qui la précède, sans changer sa formation, et se repose aussitôt. Les soldats ont soin de poser leurs fusils de manière qu'ils ne puissent ni se détériorer ni blesser quelqu'un. Lorsque la dernière compagnie a serré, le tambour placé à la queue répète le roulement. Le roulement n'est répété dans les autres bataillons que lorsqu'ils ont serré à leur distance du bataillon qui les précède.

Un nouveau roulement du tambour placé à la tête de la colonne indique qu'elle va se remettre en marche : quelques reprises de la batterie *aux champs* annoncent son départ. Chaque compagnie se remet successivement en route, lorsque celle qui la précède a repris sa distance, et assez à temps pour la suivre immédiatement. Le tambour placé à la gauche bat *aux champs* lorsque la dernière compagnie part.

Dans les premiers jours de route, les haltes sont plus fréquentes que lorsque le soldat est habitué à la marche ; elles se font toujours à quelque distance des villages ou des habitations.

La première halte a lieu trois quarts d'heure après le départ. Les soldats rectifient ce qui serait défectueux dans leur tenue.

La grande halte se fait au moins à moitié chemin ; elle peut durer une heure et avoir lieu dans un village. Chaque compagnie se reforme successivement, prend sa place dans l'ordre de bataille ou dans la colonne serrée en masse, et forme les faisceaux. Elle ne rompt les rangs que sur l'ordre du chef de bataillon.

La dernière halte se fait à proximité du nouveau gîte : on y rétablit la tenue et on reforme les pelotons.

Lorsqu'un soldat a besoin de s'arrêter entre deux haltes, il en demande la permission à l'officier ou sous-officier qui se trouve le plus près de lui ; il laisse son fusil à son camarade, et il est tenu de rejoindre promptement sous peine de punition. S'il est indisposé, le capitaine charge un caporal de le conduire doucement jusqu'à l'étape, ou de le remettre aux équipages.

Rapports.

351. A la première halte, ou à la grande halte, l'adjudant-major fait battre pour le rapport général ; les sergents-majors remettent à l'adjudant de leur bataillon les rapports particuliers de leurs compagnies : le lieutenant-colonel les reçoit, et les présente au colonel, qui prononce immédiatement sur leur contenu. Ces rapports sont ensuite rendus aux adjudants.

A l'arrivée au gîte, chaque adjudant établit le rapport de son bataillon ; l'adjudant de semaine réunit ces rapports et les remet au colonel. Les rapports particuliers des compagnies sont transmis au major par les adjudants ; ces pièces justificatives des mutations restent entre les mains des sergents-majors, et sont réunies à chaque séjour pour être transmises au major.

Dans un bataillon marchant séparément, le chef de bataillon reçoit le rapport de la même manière. A chaque séjour, il envoie au colonel un rapport sommaire contenant le relevé des rapports journaliers.

Rencontre d'un autre régiment.

352. Quand deux troupes se rencontrent, elles

appuient réciproquement à droite; toutes deux continuent à marcher si le terrain le permet; dans le cas contraire, si l'une est d'infanterie et l'autre de cavalerie, celle-ci s'arrête pour laisser passer l'infanterie. Si elles sont de même arme, la première dans l'ordre de bataille continue sa route.

Le colonel fait porter l'arme sur l'épaule droite, la baïonnette au canon; les officiers mettent l'épée ou le sabre à la main; les tambours battent, les officiers et les sous-officiers font observer l'ordre et le silence.

Lorsque le régiment traverse une ville ou passe devant un poste sous les armes, il serre les rangs, forme les pelotons ou les sections, et ces subdivisions rendent successivement les honneurs au poste.

Arrière-garde.

353. L'arrière-garde se compose d'un caporal par compagnie et d'un sergent par division; elle est commandée par un officier de la garde descendante. Cet officier fait arrêter tous les militaires qui sont rencontrés sans permission après le départ du corps. Si des hommes ont manqué à l'appel, il fait faire des patrouilles qui visitent avec célérité les divers quartiers de la ville, et surtout les cabarets où ces hommes pourraient s'être arrêtés.

Il prend à la mairie le certificat de bien-vivre, et le remet, en arrivant, au lieutenant-colonel ou au chef de bataillon.

Pendant la marche, il se rapproche du régiment de manière à être à cinq cents pas en arrière de lui ; il fait rejoindre tous les hommes en état de marcher. S'il en est qui ne puissent pas suivre, il laisse avec eux un caporal pour les conduire doucement jusqu'à l'étape ou les remettre aux voitures. Il prend leurs noms, et les donne au sergent de garde, afin que les billets de logement leur soient distribués en arrivant.

ARRIVÉE AU GÎTE

Ordre donné.

354. A l'arrivée au gîte, lorsque le régiment est formé en bataille, le colonel fait battre à l'ordre ; le cercle se compose du colonel, du lieutenant-colonel, des chefs de bataillon, du major, des adjudants, des sergents-majors et du tambour-major. Dans un bataillon voyageant isolément, le chirurgien aide-major et le caporal-tambour remplacent le chirurgien-major et le tambour-major.

Les capitaines se rendent au cercle lorsque le colonel l'ordonne : dans ce cas, les sergents-majors se placent derrière eux.

L'ordre indique les distributions, la visite des

malades et des écloppés, la tenue, le service à fournir, l'inspection et la visite de corps, s'il y a séjour, le lieu de rassemblement, l'heure et l'appel du départ. L'adjudant fait connaître le logement du colonel, des officiers supérieurs et du chirurgien-major.

Pendant ce temps, l'appel est fait dans les compagnies par les sergents de semaine ; les officiers de semaine le rendent au capitaine de semaine, qui en fait connaître le résultat au colonel.

L'ordre étant donné et le drapeau parti, le colonel fait rompre le régiment ; l'adjudant conduit le drapeau au logement du colonel.

Lorsque le colonel le juge convenable, il donne l'ordre et fait l'appel à la halte qui précède l'arrivée au gîte.

Compagnies conduites au logement.

355. Le fourrier conduit la compagnie au centre du quartier qu'elle doit occuper. Le capitaine la met en bataille, donne l'ordre, fait commander le service et distribuer le pain et les billets de logement ; il fait ensuite rompre les rangs.

Le fourrier remet au corps-de-garde de police les billets des hommes qui ne sont pas arrivés, ainsi que l'adresse du capitaine et celle du sergent-major.

Devoirs des tambours et clairons.

356. Toutes les batteries qui se font pendant la journée sont répétées par les tambours et les clairons de chaque compagnie, sous la responsabilité du sergent-major. Il en serait de même de la marche du régiment ou de la générale, si elle venait à être battue inopinément pendant la nuit.

Compagnies détachées.

357. Lorsque des compagnies sont détachées du gîte principal, le commandant de chaque cantonnement établit une garde de police ; à son départ, il prend un certificat de bien-vivre.

La compagnie hors rang loge toujours avec l'état-major.

Distributions.

358. Lorsque les distributions n'ont pas pu être faites avant l'arrivée de la troupe, chaque fourrier, aidé de son caporal de semaine, rassemble à la berloque les hommes de corvée de la compagnie à l'endroit où elle a rompu les rangs, et les conduit au rendez-vous indiqué. Le capitaine divise les corvées, y répartit les officiers de semaine commandés à cet effet, et fait faire les distributions.

Lorsqu'il n'y a qu'une seule distribution, les corvées se réunissent au lieu même où elle doit se faire.

Les distributions terminées, le capitaine en rend compte au major ; dans un bataillon voyageant séparément, il en rend compte au chef de bataillon.

Lorsque l'adjoint au trésorier a passé des marchés, les officiers de semaine font payer les fournisseurs et s'en font remettre les reçus.

Ordinaires et logements.

359. Les ordinaires se font dans les logements des caporaux ; ceux-ci sont responsables du bon ordre, de la tranquillité, du respect pour les propriétés, et de la déférence que les militaires doivent aux habitants. Les hôtes ne sont tenus de fournir pour les ordinaires que la place au feu et à la chandelle, et les ustensiles nécessaires pour faire manger la soupe.

Lorsque la soupe ne peut se faire par ordinaire, elle se fait dans chaque logement. Les officiers y veillent ; le chef de bataillon s'en fait rendre compte journellement.

Il est dû pour deux caporaux ou soldats, et pour deux sergents, un lit garni d'une paillasse, d'un matelas ou lit de plume, d'une couverture de laine, d'un traversin et d'une paire de draps propre. Chaque adjudant, sergent-major, tambour-major et chef de musique a droit à un lit.

Jamais les hôtes ne peuvent être déplacés du

lit ni de la chambre qu'ils occupent habituellement.

Il est dû, dans tous les logements, place au feu
et à la chandelle.

Les soldats doivent ne rien exiger de leurs hôtes, quand même ceux-ci refusent de leur donner
ce qui leur est dû ; ils avertissent leur officier ou
leur sergent de section, qui s'adresse à la mairie
pour leur faire rendre justice.

Ces dispositions sont rappelées par la voie de
l'ordre lorsque le régiment doit faire route.

Service des officiers de semaine.

360. En route, le service de semaine des lieutenants et des sous-lieutenants se borne aux appels
et aux distributions, chacun d'eux est chargé de
tous les autres détails pour sa section.

Visite dans les logements.

361. Deux ou trois heures après l'arrivée, les
officiers et sous-officiers visitent les logements,
particulièrement ceux dans lesquels se font les
ordinaires ; ils entendent les réclamations des soldats, et font droit aux plaintes des hôtes quand
elles sont justes. Les officiers reçoivent les rapports des sous-officiers et rendent compte au capitaine le lendemain matin. Si des réclamations
rendaient l'intervention du capitaine nécessaire,
ils l'en informeraient sur-le-champ ; le capitaine

s'occuperait de suite de faire rendre justice aux militaires.

Les officiers et les sous-officiers de section s'assurent que chaque jour les soldats s'occupent de la propreté de leurs armes et de l'entretien de leurs effets, particulièrement de leur chaussure.

Appels du soir.

362. L'appel du soir a lieu les jours de marche lorsque le colonel l'ordonne. Les compagnies se réunissent alors, soit à l'endroit où elles ont rompu les rangs, soit au lieu du rassemblement général. Si l'appel se fait dans le quartier de chaque compagnie, le sergent-major se rend immédiatement après au corps-de-garde, et en fait connaître, par écrit le résultat au capitaine de semaine, qui le porte au colonel.

Retraite.

363. A l'heure prescrite, les tambours et les clairons se réunissent devant le drapeau pour battre la retraite; ils parcourent les lieux indiqués par l'adjudant, et se dispersent ensuite dans les quartiers occupés par leurs compagnies.

Dans une ville où il y a des troupes, deux tambours par bataillon se réunissent aux tambours et aux trompettes de la garnison pour battre la retraite.

Une demi-heure après la retraite, les caporaux

et les soldats doivent être rentrés dans leurs logements.

Patrouilles après la retraite.

364. Dans les villes où il n'y a pas d'état-major de place, l'officier de garde fait faire après la retraite des patrouilles pour faire rentrer à leurs logements les caporaux et les soldats qui sont encore dans les rues, et conduire au corps-de-garde ceux qui sont pris de vin ou qui font du bruit. Le lendemain au réveil, il les renvoie à leurs logements, à moins qu'ils n'aient mérité une punition plus grave.

L'adjudant-major de semaine passe au corps-degarde avant le départ, pour savoir ce qui est survenu pendant la nuit.

SÉJOURS.

Inspection ; visites de corps.

365. Dès l'arrivée au gîte où le régiment doit avoir séjour, les commandants de compagnies prennent les dispositions nécessaires pour que la chaussure, l'armement, l'habillement et l'équipement soient réparés et mis dans le meilleur état de propreté.

Le matin, il est fait un appel : tous les officiers s'y trouvent. Il en est rendu compte au rapport général.

L'inspection du séjour se passe le soir, et habituellement en tenue de route ; elle tient lieu d'appel du soir.

Les visites de corps ont lieu seulement pendant les séjours ; elles sont bornées à l'officier général le plus élevé en grade, et à défaut d'officier général, au commandant de la place.

Lorsqu'il n'y a pas séjour, le commandant du corps ou détachement, accompagné par un officier, se présente chez l'officier général ou chez le commandant de la place.

Revues des malades et écloppés.

366. Le même jour, après l'appel du matin, le chirurgien-major passe au corps-de-garde la revue des malades et des écloppés, en présence des officiers et sergents de semaine ; il en fait connaître le résultat au rapport ; le soir il voit de nouveau les malades qui réclameraient ses soins. Il visite dans leurs logements ou fait visiter par ses aides ceux qui n'ont pu se rendre à la revue.

PUNITIONS

Place, en marche, des officiers punis.

367. Les officiers aux arrêts simples marchent à leur rang : les officiers aux arrêts de rigueur ou en prison marchent sans épée ou sans sabre, et sous une escorte particulière qui se tient en avant et hors de la vue du régiment.

Quand l'intérêt de la discipline n'exige pas impérieusement que la punition des arrêts de rigueur ou de la prison soit subie immédiatement après la faute, le colonel ne la fait subir que pendant les séjours, et, s'il se peut, à l'arrivée dans la garnison.

Place des sous-officiers, des caporaux et des soldats.

368. Les sous-officiers punis de la salle de police, les caporaux et les soldats punis de la salle de police et de la prison, marchent avec leurs compagnies; ils reprennent leur punition en arrivant au gîte; les capitaines donnent des ordres à cet égard.

Les sous-officiers punis de la prison, les caporaux et les soldats punis du cachot, marchent avec la garde; en traversant les villes et villages, ils portent l'arme sous le bras gauche.

Ceux qui sont prévenus de délits du ressort des tribunaux sont remis à la gendarmerie; en attendant, ils peuvent être attachés, si cette mesure est jugée nécessaire.

Pour des fautes légères, les sous-officiers, les caporaux et les soldats sont punis de la consigne à la garde de police jusqu'à la retraite, pendant une ou plusieurs journées de marche.

ÉQUIPAGES

Ils sont sous les ordres du vaguemestre ; par qui gardés.

369. Les équipages sont sous les ordres du vaguemestre. Leur garde est fournie par la compagnie hors rang et commandée par un officier de
cette compagnie ; elle charge et décharge les
voitures.

Les domestiques des officiers et les cantiniers
qui marchent avec les équipages doivent obéissance au vaguemestre.

Dans un bataillon voyageant séparément, les
équipages sont aux ordres d'un sous-officier désigné par le chef de bataillon pour toute la route ;
la moitié de la garde descendante en forme l'escorte.

Chargement des voitures.

370. Une des voitures porte la caisse du régiment, celle du trésorier, les registres et pièces de
comptabilité courante, et la caisse de chirurgie :
cette voiture marche toujours la première.

Les autres voitures sont destinées au transport
des sous-officiers, caporaux et soldats malades ou
écloppés ; à celui des sacs des hommes autorisés
à les déposer aux voitures, de la caisse contenant
la comptabilité des sergents-majors de chaque

bataillon, et des porte-manteaux des officiers, dont le poids, pour chaque officier, ne doit pas excéder douze kilogrammes.

Les armes ne sont placées sur les voitures que lorsqu'il y a impossibilité de les faire porter par les hommes; elles sont alors enfermées dans des caisses d'armes réservées pour cet usage.

Le nom des officiers est écrit sur leurs porte-manteaux; les autres effets ne sont reçus que sur une note signée du capitaine de la compagnie; ils doivent être étiquetés, solidement fermés et enregistrés.

Malades; enfants de troupe.

371. Aucun sous-officier, caporal ou soldat n'est admis sur les voitures sans un certificat d'un des chirurgiens.

Les enfants de troupe peuvent être autorisés à marcher avec les équipages; ils montent sur les voitures lorsqu'ils ne sont pas en âge de faire la route à pied.

Un chirurgien marche toujours avec les équipages lorsque le régiment voyage réuni; dans un bataillon voyageant séparément, il n'y marche que lorsque le chef de bataillon le croit nécessaire.

Départ, marche et arrivée.

372. Les équipages sont, autant que possible,

chargés dès la veille; ils partent au plus tard une demi-heure après le régiment. Ils marchent de manière à s'en rapprocher, mais ne le dépassent jamais.

Le vaguemestre maintient le plus grand ordre pendant la marche. Il ne permet à aucun homme de leur garde de s'en éloigner. Il recueille les hommes qui ne peuvent pas suivre, fait placer leur sacs sur les voitures, et les y fait monter lorsqu'ils sont hors d'état de marcher; le chirurgien les visite lorsqu'il est présent.

A l'arrivée au gîte, la garde des équipages dépose les bagages dans le local reconnu par l'officier de garde. Il y est placé une sentinelle tirée de la garde de police.

Les porte-manteaux des officiers leur sont remis chaque jour à l'heure fixée; les officiers les renvoient à la retraite.

Les bagages de la troupe ne sont remis que dans les séjours.

CHAPITRE XLI

DÉTACHEMENTS

Composition des détachements.

373. Les détachements sont formés habituellement de fractions constitutives du régiment, tels

que bataillons, compagnies, sections demi-sections, escouades.

Il est établi pour les détachements un tour de service entre les bataillons du régiment et entre les compagnies de chaque bataillon.

Autorité du chef d'un détachement; par qui remplacé.

374. Tout commandant de détachement est responsable du bon ordre dans les marches, les garnisons ou les cantonnements. Il est revêtu, quel que soit son grade, de toute l'autorité d'un chef de corps pour le service, la police, la discipline et l'instruction; il se conforme à cet égard aux règles établies au régiment.

Il observe scrupuleusement les instructions qui lui ont été données; si les circonstances l'obligent à s'en écarter, il en rend compte sur-le-champ au colonel.

Si, pendant la durée d'un détachement, le commandement en devient vacant, ce commandement appartient à l'officier le plus élevé en grade, et, à grade égal, au plus ancien.

Ordres et pièces de comptabilité.

375. Le commandant d'un détachement doit être muni d'un ordre de départ, d'une instruction par écrit sur l'objet et le service de son détachement, et d'un feuille de route.

Il reçoit du major une instruction détaillée sur la comptabilité qu'il doit tenir, et les états et les pièces prescrits par les règlements d'administration.

Comptes à rendre; mutations.

376. Le chef d'un détachement adresse au colonel, aux époques qui lui sont prescrites, un rapport détaillé sur le service et la discipline du détachement; il y joint, pour le major, l'état des mutations, visé par le sous-intendant militaire. Ces rapports ne le dispensent pas de rendre immédiatement compte au colonel de tout événement important ou imprévu.

Retour au régiment.

377. Lorsque le détachement rejoint le régiment, il est, à son arrivée et selon sa composition et le grade de celui qui le commande, inspecté par le colonel, le lieutenant-colonel, un chef de bataillon ou un adjudant-major.

Le commandant du détachement remet au lieutenant-colonel les certificats de bien vivre qui lui ont été délivrés pendant la route.

Il se présente chez le colonel, lieutenant-colonel, le chef de bataillon et le commandant de sa compagnie.

Il règle sans délai, avec le trésorier et l'officier d'habillement, les comptes de son détachement.

CHAPITRE XLII

ESCORTES

Escortes d'honneur.

378. Le commandant d'une escorte doit présenter et maintenir sa troupe dans le meilleur ordre et la meilleure tenue.

Si c'est un escorte d'honneur, il va en arrivant, prendre les ordres de la personne qu'il doit accompagner. Son service fini, il ne se retire qu'après avoir de nouveau pris les ordres de cette personne.

Escorte d'un convoi.

379. Quand une escorte est chargée de la garde et de la conservation d'un convoi, le commandant s e fait précéder par une avant-garde pour reconnaître à temps les obstacles, faire débarrasser la route, et reconnaître les terrains propres aux haltes. Il y a une arrière-garde, et, au besoin, des flanqueurs.

En plaine, le gros de la troupe marche habituellement sur les côtés de la route, à la hauteur du centre du convoi ; dans les défilés, il marche soit à la tête, soit à la queue.

La tête du convoi doit marcher d'un pas uniforme et plutôt lent qu'accéléré.

Si le convoi est considérable, il est partagé en plusieurs divisions.

Les voitures marchent sur deux files, toutes les fois que la largeur de la route le permet.

Si une voiture se casse elle est retirée hors de route ; quand elle est réparée, elle prend la queue du convoi ; si elle ne peut être réparée promptement, il est laissé pour sa garde un nombre d'hommes suffisant.

Le commandant fait faire des haltes d'heure en heure pendant quelques instants, pour faire reprendre haleine aux chevaux et donner aux dernières voitures le temps de serrer à leur distance.

Il n'est fait de grandes haltes que très-rarement, et dans des lieux reconnus à l'avance.

Escorte des prisonniers.

380. Le commandant d'une escorte de prisonniers fait charger les armes en leur présence, avant de se mettre route.

Il divise sa troupe en deux parties principales ; l'une marche de front à la tête, l'autre ferme la marche de la même manière. Le reste est réparti sur les flancs de distance en distance, tant pour éclairer la route que pour ressaisir au besoin les fuyards.

Le détachement marche d'un pas modéré : les

haltes sont fréquentes, mais courtes; elles ont toujours lieu dans des endroits découverts.

Pendant les haltes, l'officier qui commande l'escorte redouble de surveillance; jamais il ne perd de vue envers les prisonniers les égards dus au malheur; mais il se refuse à toute condescendance contraire à son devoir.

Si, à l'arrivée au gîte, les prisonniers doivent passer la nuit dans la prison du lieu, il s'en fait donner un reçu; s'ils doivent rester sous sa garde, il prend les précautions et donne les consignes nécessaires pour prévenir les évasions. Il veille, dans tous les cas, à ce qu'ils reçoivent ce qui leur est alloué par les règlements; il en est responsable, il empêche qu'ils ne soient rançonnés sur le prix des objets qu'ils peuvent avoir à faire acheter.

Arrivé à sa destination, il prend de qui de droit un reçu des prisonniers.

Dispositions du chapitre des détachements, communes aux escortes.

381. Les escortes se conforment, en tout ce qui leur est applicable, aux dispositions prescrites pour les détachements.

TITRE IV

DEVOIRS DES OFFICIERS GÉNÉRAUX RELATIVEMENT A L'EXÉCUTION DE LA PRÉSENTE ORDONNANCE.

Devoirs des officiers généraux.

382. Les lieutenants généraux et maréchaux de camp commandant les divisions et les brigades organisées ou les divisions et les subdivisions territoriales, assurent l'exécution pleine et entière de toutes les règles de service, de discipline et d'administration contenues dans la présente ordonnance.

OBJETS SUR LESQUELS LES OFFICIERS GÉNÉRAUX DOIVENT PORTER PLUS SPÉCIALEMENT LEUR ATTENTION.

Registres tenus par le lieutenant-colonel.

Les maréchaux de camp examinent fréquemment les registres d'ordres et du personnel des officiers, tenus par le lieutenant-colonel ; ils s'assurent que le registre d'ordres ne contient rien de contraire aux ordonnances ; ils comparent les notes inscrites au registre du personnel avec celles qu'ils ont eux-mêmes recueillies, afin de se former une opinion exacte de la capacité, du zèle et de la conduite des officiers sous leurs ordres, et de pouvoir éclairer le lieutenant-général et l'inspecteur général sur le plus ou moins de mérite de ces officiers.

Ordinaire du soldat.

Les officiers généraux, lorsqu'ils visitent les quartiers, portent leur sollicitude sur l'ordinaire du soldat. Ils s'assurent que les denrées sont saines et aussi abondantes que possible, que le prêt et les divers produits qui ajoutent à la recette sont versés régulièrement; que l'ordinaire est administré avec économie, et qu'il n'y a aucun sujet de plainte. Ils rappellent aux officiers que la surveillance que le règlement leur impose sur cette partie du service, constitue un de leurs devoirs les plus importants.

Lorsqu'une circonstance particulière, la cherté des vivres ou l'intérêt de l'ordinaire le font juger avantageux, les maréchaux de camp peuvent autoriser les capitaines à passer des marchés avec les bouchers, les boulangers et les autres fournisseurs. Les capitaines délèguent à cet effet quelques-uns d'entre eux qui se réunissent sous la présidence d'un chef de bataillon. Une copie des marchés passés, est affichée dans les chambres des chefs d'ordinaire.

Administration de la masse individuelle.

Dans leurs revues sur le terrain, ou lorsqu'ils font la visite des chambres ou des magasins, les généraux examinent si les effets sont de bonne qualité, bien confectionnés et bien entretenus, et si ceux au compte de la masse individuelle sont au prix le plus avantageux possible ; ils interrogent les soldats sur la durée de ces effets ; ils voient les livrets, s'assurent que les inscriptions y sont faites avec exactitude, que les réparations ont lieu dès qu'elles sont nécessaires, que le paiement en est imputé d'une manière impartiale, enfin que les masses individuelles sont administrées, dans l'intérieur des compagnies, avec intelligence, économie et sollicitude. Ils exigent que les capitaines et les officiers de section rémplissent scrupuleusement leur devoir à cet égard.

Distributions.

Les lieutenants-généraux doivent s'assurer que les ordonnances et les règlements relatifs aux allocations et prestations de toute espèce attribuées aux troupes reçoivent leur entière exécution. Ils exigent en conséquence que les maréchaux de camp fassent souvent, et particulièrement aux heures de distributions, la visite des magasins ; qu'ils examinent la qualité et le poids des denrées ; lorsque les distributions donnent lieu à des contestations, ils font appeler le sous-intendant militaire pour les terminer.

Instruction.

Les officiers généraux, et particulièrement les maréchaux de camp, assistent fréquemment aux exercices, aux manœuvres et aux marches militaires ; ils exigent que les principes de l'ordonnance soient suivis en tous points ; que les officiers et les sous-officiers connaissent bien leurs fonctions et les remplissent avec intelligence et avec calme, et que l'instruction des hommes de recrue, tout en suivant la progression prescrite, soit conduite dans le but de les mettre promptement en état d'entrer dans les rangs. Ils ont soin que les marches militaires, sans rien enlever au repos habituel des hommes, soient dirigées de manière à tenir les troupes en haleine et toujours prêtes à marcher. Ils peuvent réunir dans ces marches plusieurs corps d'une même arme ou d'armes différentes, et leur faire exécuter des mouvement combinés. Ils peuvent encore, quand les garnisons ne sont éloignées que d'une journée d'étape, régler les marches des corps qui les occupent, de manière que ces corps se réunissent, soit pour manœuvrer, soit pour exécuter des mouvements de guerre.

Tenue.

Les généraux veillent journellement à ce que la tenue des officiers, des sous-officiers et soldats, soit toujours régulière et uniforme, et à ce que les diverses tenues prescrites pour les corvées et le service de la place soient observées avec soin. Ils exigent que les officiers supérieurs donnent l'exemple de l'exactitude à cet égard ; il empêchent que, sous prétexte d'économie, on oblige le soldat à sortir isolément du quartier en veste ou en capote lorsqu'il doit être en habit.

Dans chaque division le lieutenant général détermine les époques auxquelles les troupes prennent la tenue d'été ou la tenue d'hiver. Les ordres à cet égard peuvent être modifiés par les maréchaux de camp lorsque les circonstances l'exigent dans certaines localités. Les commandants de place veillent à leur exécution et sont autorisés à apporter dans la tenue journalière prescrite pour les hommes de service, les changements temporaires que des motifs de santé peuvent réclamer ; ils en rendent compte.

Les généraux répriment sévèrement toutes les infractions à la tenue ; ils signalent au ministre les chefs de corps qui les ont ordonnées ou tolérées, et mettent à leur charge les dépenses, qu'ils ont occasionnées à leurs subordonnés.

Permissions.

Les maréchaux de camp exigent que tous les grades auxquels la présente ordonnance attribue la faculté d'accorder des permissions jouissent pleinement de ce droit dans les limites déterminées. Ils empêchent qu'à moins de circonstances majeures dont il doit être rendu compte, il ne soit apporté aucune restriction à l'exercice de cette faculté, inhérente au droit de punir.

Punitions.

La surveillance sur la manière dont les punitions sont infligées dans les régiments, constitue un des devoirs les plus essentiels des officiers généraux. Si les punitions sont trop multipliées, ils doivent rechercher les causes de cet état de choses; s'efforcer d'y remédier, et faire sentir aux officiers et aux sous-officiers qu'une sollicitude paternelle, leurs conseils, leur propre exemple et l'usage équitable de leur autorité, préviennent les fautes, et établissent la discipline sur une base plus solide que ne le font les punitions. Ils empêchent que sous aucun prétexte, on ne s'écarte des règles prescrites dans la présente ordonnance; ils signalent à l'attention du ministre les corps où les fautes sont en moins grand nombre et de moindre gravité.

Réclamations.

Les officiers généraux examinent avec une attention scrupuleuse les réclamations qui leur sont adressées par les officiers, les sous-officiers et les soldats ; ils entendent au besoin les parties intéressées. Si la réclamation concerne l'administration générale du corps, le général appelle, quand cela est utile, l'intendant ou le sous-intendant militaire à l'examiner avec lui, ou la lui renvoie afin qu'il donne son avis, ou même qu'il prononce en conseil d'administration.

Casernement.

Les maréchaux de camp s'assurent, en visitant fréquemment les casernes, que la troupe est logée sainement conformément aux ordonnances, que la propreté règne dans les chambres, dans les cuisines, dans les cours et à l'extérieur. L'infirmerie et les salles de discipline sont l'objet particulier de leur attention.

Compositions des détachements.

Les détachements pris sur la totalité d'un corps ayant l'inconvénient de déranger la discipline, l'instruction et l'administration, et ces détachements ne pouvant d'ailleurs présenter l'ensemble et la consistance désirables tant sous ces divers rapports que sous celui de leur destination, les officiers généraux doivent, autant que possible, exécuter et faire exécuter littéralement l'art. 373.

Les situations qu'ils reçoivent des corps leur font connaître la force des bataillons, compagnies et sections.

En conséquence, lorsqu'ils ordonnent un détachement, ils désignent l'espèce et le nombre de ces fractions nécessaires pour le composer.

Si, par exemple, il s'agit d'un détachement de la force ordinaire d'une compagnie, et que l'effectif de celle qui doit marcher soit jugé absolument insuffisant, on y joint une ou plusieurs autres fractions constitutives, dont les hommes sont placés en subsistance dans cette compagnie.

DISPOSITIONS GÉNÉRALES

Abrogations des règlements antérieurs.

383. Sont abrogés les ordonnances et règlements antérieurs sur le service intérieur des troupes d'infanterie, et toutes autres dispositions contraires à la présente ordonnance.

384. Notre président du conseil, ministre secré-

taire d'État au département de la guerre, est chargé de l'exécution de la présente ordonnance.

Paris, le 2 novembre 1833.

LOUIS-PHILIPPE.

Par le Roi :

Le président du Conseil, Ministre de la guerre.

Mᵃˡ DUC DE DALMATIE.

COLLATIONNÉ :

Le Chef du Bureau des Lois
et Archives.

MORTIER.

CERTIFIÉ conforme par nous,
Secrétaire général du Ministre de la guerre.

Paris, le 21 décembre 1833,

BARADÈRE.

TABLE

GÉNÉRALE ALPHABÉTIQUE

DES MATIÈRES

CONSEILS DE DISCIPLINE

CONSIGNE GÉNÉRALE POUR LA GARDE DE POLICE

DEVOIR DU SERGENT DE GARDE

LIEUTENANT-COLONEL

LIEUTENANT ET SOUS-LIEUTENANT

OFFICIER DE SECTION

TABLE

ANALYTIQUE ET ALPHABÉTIQUE

DU SERVICE JOURNALIER

PARADE

PROPRETÉ DU QUARTIER

RETRAITE

Un quart d'heure avant la retraite, l'adjudant de

RÉVEIL

SOUPE DU MATIN

la soupe; il fait porter celle destinée aux hommes de garde, et fait conserver chaude celle des hommes de service. . . . .

SOUPE DU SOIR

Les règles tracées ci-dessus pour la soupe du matin sont observées pour celle du soir.

FIN DE LA TABLE DU SERVICE JOURNALIER

MODÈLES

En principe général, l'insertion des modèles qui font suite aux ordonnances du 2 novembre 1833, sur le service intérieur des corps de troupe, a eu lieu dans le but de faire connaître à l'administration principale la manière dont il devait être rendu compte des prescriptions de ces ordonnances.

Tous ces modèles étant imprimés par la librairie militaire, où les corps se les procurent facilement, on aurait pu, à la rigueur, les supprimer ici en totalité ; mais, pour les cas où les corps sont divisés ou en campagne, on a cru devoir rappeler ceux de ces modèles dont l'usage est prescrit aux officiers qui n'ont pas près d'eux la législation militaire, et à tous les sous-officiers et soldats.

Les modèles que nous avons cru pouvoir nous dispenser de reproduire sont :

A Situation à fournir aux généraux par le colonel, les 1ᵉʳ, 8, 16 et 24 de chaque mois. (Art. 2 de l'ordonnance.)

B Tableau du service à dresser par le colonel ou le chef de bataillon, dans le cas de détachement. (Art. 5.)

C Registre du personnel des officiers à tenir par le lieutenant-colonel. (Art. 12.)

G Livret des ordinaires de la troupe. (Art. 169.)

H Registre du vaguemestre. (Art. 190.)

Les motifs qui nous ont déterminé à cette suppression sont, comme nous l'avons dit, leur peu d'utilité dans un volume destiné à toutes les classes de militaires, mais particulièrement pour éviter une augmentation de prix qui se justifierait par la bien plus grande quantité de matières que ce volume renferme comparativement à l'ordonnance précitée, par suite des nombreuses améliorations qui y ont été apportées.

COMPAGNIE EN BATAILLE

DIVISÉE EN SECTIONS, DEMI-SECTIONS ET ESCOUADES

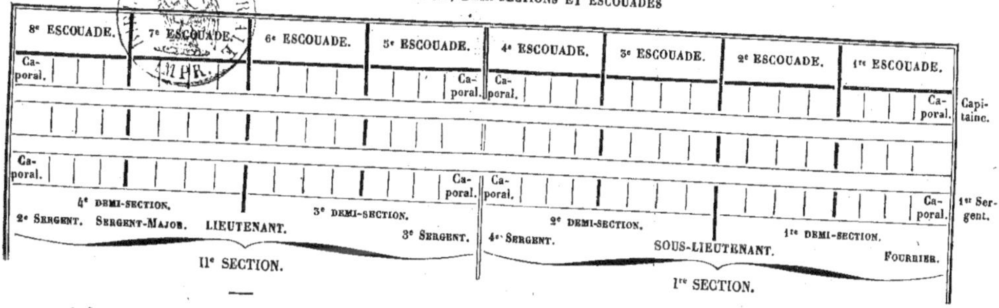

8ᵉ ESCOUADE. — 7ᵉ ESCOUADE. — 6ᵉ ESCOUADE. — 5ᵉ ESCOUADE. — 4ᵉ ESCOUADE. — 3ᵉ ESCOUADE. — 2ᵉ ESCOUADE. — 1ʳᵉ ESCOUADE.

Caporal. — Caporal. — Caporal. — Caporal. — Caporal. — Capitaine. — 1ᵉʳ Sergent.

4ᵉ DEMI-SECTION. — 3ᵉ DEMI-SECTION. — 2ᵉ DEMI-SECTION. — 1ʳᵉ DEMI-SECTION.

2ᵉ Sergent. — Sergent-Major. — Lieutenant. — 3ᵉ Sergent. — 4ᵉ Sergent. — Sous-Lieutenant. — Fourrier.

IIᵉ SECTION. — **Iʳᵉ SECTION.**

2ᵉ Section.	Le lieutenant.
3ᵉ Demi-section.	Le troisième sergent.
4ᵉ Idem.	Le deuxième sergent.
5ᵉ, 6ᵉ, 7ᵉ et 8ᵉ Escouades.	Les quatre plus petits caporaux.

Le deuxième tambour compte dans la cinquième escouade.

1ʳᵉ Section.	Le sous-lieutenant.
1ʳᵉ Demi-section.	Le premier sergent.
2ᵉ Idem.	Le deuxième sergent.
5ᵉ, 6ᵉ, 7ᵉ et 8ᵉ Escouades.	Les quatre plus grands caporaux.

Le premier tambour compte dans la première escouade.

COMPAGNIE EN BATAILLE

DIVISÉE EN SECTIONS, DEMI-SECTIONS ET ESCOUADES.

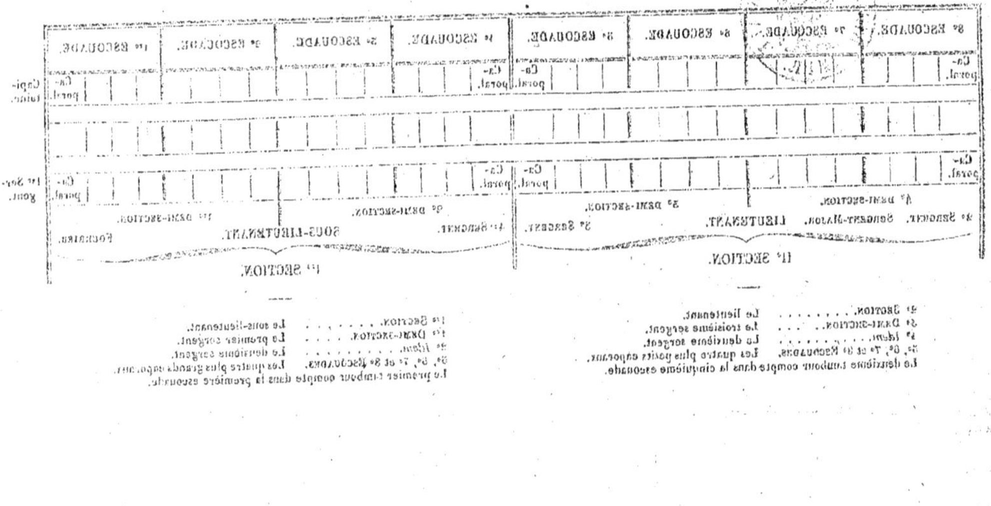

1re ESCOUADE. — 2e ESCOUADE. — 3e ESCOUADE. — 4e ESCOUADE. — 5e ESCOUADE. — 6e ESCOUADE. — 7e ESCOUADE. — 8e ESCOUADE.

1re Rang. — 2e Rang.

1re SECTION.

SOUS-LIEUTENANT. — SERGENT-MAJOR. — LIEUTENANT. — FOURRIER.

1re DEMI-SECTION. — 2e DEMI-SECTION. — 3e DEMI-SECTION. — 4e DEMI-SECTION.

IIe SECTION.

1re Section. . . . . Le sous-lieutenant.
1re Demi-section. . . . . Le premier sergent.
2e idem. . . . . Le deuxième sergent.
Les 5e, 6e, 7e et 8e Escouades. . Les quatre plus grands caporaux.
Le premier tambour compte dans la première escouade.

2e Section. . . . . Le lieutenant.
3e Demi-section. . . . . Le troisième sergent.
4e idem. . . . . Le quatrième sergent.
Les 5e, 6e, 7e et 8e Escouades. . Les quatre plus petits caporaux.
Le deuxième tambour compte dans la cinquième escouade.

RÉGIMENT D'INFANTERIE

Bataillon.   *Compagnie.*

Section.

LIVRET

DE

L'OFFICIER DE SECTION.

M

NOTA. MM. les officiers de section doivent tenir ce Livret exactement à jour, pour être en état de le renouveler eux-mêmes quand il est nécessaire de le faire.

Chaque sergent tient un pareil Livret pour sa demi-section et sa section.

MM. les officiers et sous-officiers trouveront à la librairie militaire HANNEQUIN fils, ce Livret imprimé avec beaucoup de soin.

CONTROLE DE LA SECTION

PAR DEMI-SECTIONS ET ESCOUADES.

DEMI-SECTION.

SERGENT.

ESCOUADE.	ESCOUADE.

CONTROLE PAR RANG DE TAILLE.

NOMS ET PRÉNOMS.	GRADES.	TAILLE.	OBSERVATIONS.
		m. m.	

CONTROLE DES DEMI-SIGNALEMENTS
ET DES RENSEIGNE- MENTS SUR LES HOMMES.

NUMÉROS DE LA MATRICULE.	NOMS et PRÉNOMS.	Grades — Che- vrons.	LIEU ET DATE DE NAISSANCE, dernier domicile, profession et taille.	DATE de l'entr. au service et titre sous leq. il sert.	ÉPOQUE à laquelle il aura droit à la libé- ration.	S'IL SAIT			NOTES parti- culières.	MUTATIONS sommaires.
						compter.	écrire.	lire.		
			Né le à département d dernier domicile à département d profession d taille 1 mètre millim.							

CONTROLE DE LA SITUATION DE LA MASSE INDIVIDUELLE.

NOMS des hommes.	GRADES.	SITUATION DE LEUR MASSE INDIVIDUELLE PENDANT L'ANNÉE 18												OBSERVATIONS.
		AU 1ᵉʳ JANVIER.			AU 1ᵉʳ AVRIL.			AU 1ᵉʳ JUILLET.			AU 1ᵉʳ OCTOBRE.			
		Payé pour excédant.	Avoir.	Redû.	Payé pour excédant.	Avoir.	Redû.	Payé pour excédant.	Avoir.	Redû.	Payé pour excédant.	Avoir.	Redû.	

RÉGIMENT D'INFANTERIE

Modèle F.
(Art. 128).

REGISTRE DE PUNITIONS POUR LES SOUS-OFFICIERS ET LES SOLDATS.

DEBAY (Sébastien-Julien *(grade)*, arrivé au Corps le

DATES DES PUNITIONS	GENRES DE PUNITIONS ET NOMBRE DE JOURS.				PAR QUI LES PUNITIONS ont été infligées	MOTIFS DES PUNITIONS
	Consigne	Salle de police	Prison	Cachot		

RÉGIMENT D'INFANTERIE

REGISTRE DE PUNITIONS POUR LES SOUS-OFFICIERS ET LES SOLDATS.

DEBAY (Sébastien-Jules) (grade), arrivé au corps le

MOTIFS DES PUNITIONS	PAR QUI les punitions ont été infligées	GRADES DE PUNITIONS (NATURE DE PEINE)				DATES des punitions
		Consigne	Salle de police	Prison	Cachot	

Le registre doit être divisé à [illegible] autant de feuillets, à raison de [illegible] pour chaque homme, à fin de cent [illegible] besoin, et que le feuillet qui conce[illegible] chacun puisse être enlevé. [illegible]

Modèle 1.

e RÉGIMENT D'INFANTERIE

BATAILLON,   COMPAGNIE.

Situation et Rapport du   au   18

DESIGNATION des GRADES.	Sous les armes.	PRESENTS								PRESENTS TOTAL.	ABSENTS													ABSENTS TOTAL.	EFFECTIF.	En congé d'un an.	En subsistance.
		NON DISPONIBLES.									Détachés	du lieu.	aux HÔPIT. externes.	En permission.	En sem. ou en congé.	Manquant à l'appel.	En désertion.	En jugement.	Détenus par jugement.	En recrutement.							
1	2	3	4	5	6	7	8	9	10	11	12	13	14	15	16	17	18	19	20	21	22	23	24	25	26	27	28
Capitaine de classe.																												
Lieutenant de classe.																												
Sous-Lieutenants.																												
TOTAUX.																												
Sergent-major.																												
Sergent.																												
Fourrier.																												
Caporaux.																												
Soldats.																												
Tambours et Clairons.																												
TOTAUX.																												
Enfants de troupe.																												

NUMEROS		NOMBRE DE CHEVRONS.	NOMS, GRADES ET MUTATIONS.	SITUATION de la masse des hommes allant aux hôpitaux, en congé, morts, désertés, en jugement, passés à d'autres corps, à d'autres compagnies du corps, etc.		PUNITIONS.	DEMANDES.
MATRICULE.	ANNÉE.		*Nota.* Indiquer le genre de maladie des hommes entrant à l'hôpital. Indiquer de quel jour était absent l'homme rentrant d'une absence quelconque.	AVOIR.	REDU.		
	2	3	4	5	6	7	8

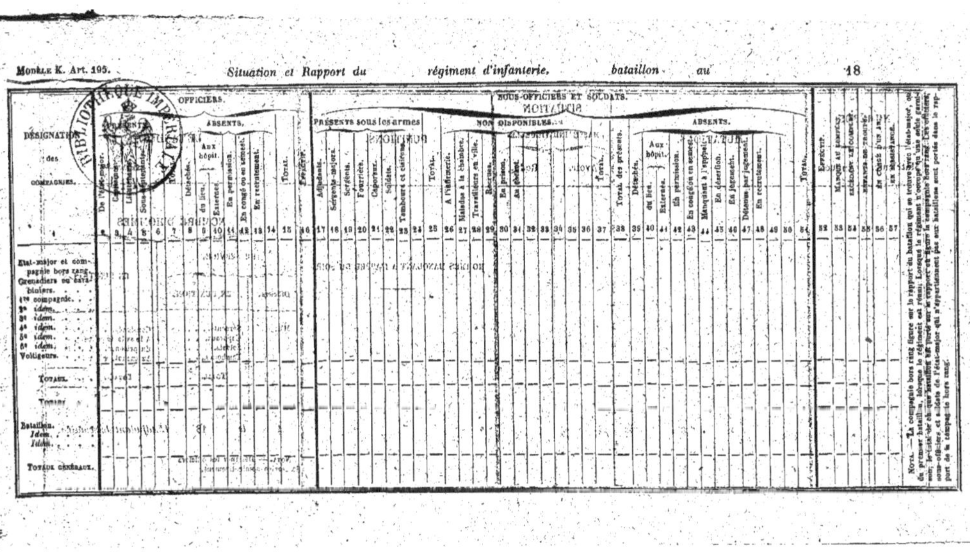

DÉSIGNATION des COMPAGNIES.	OFFICIERS. PRÉSENTS				Total.	ABSENTS. Détachés du lieu	Externes	Aux hôpit.	En permission.	En congé ou en semest.	En recrutement.	Total.	EFFECTIF.	SOUS-OFFICIERS ET SOLDATS. PRÉSENTS sous les armes Adjudants.	Sergents-majors.	Sergents.	Fourriers.	Caporaux.	Soldats.	Tambours et caissons.	Total.	NON DISPONIBLES. À l'infirmerie.	Malades à la chambre.	Travailleurs en ville.	Recrues.	En prison.	Au cachot.			Total.	Total des présents.	ABSENTS. Détachés	du lieu.	Externes.	Aux hôpit.	En permission.	En congé en semest.	Manquant à l'appel.	En désertion.	En jugement.	Détenus par jugement.	En recrutement.	Total.	EFFECTIF.	Manque au complet.			En chefs d'un jour en mouvance.
	2 3 4 5				6 7	8	9 10	11	12	13 14	15	16	17	18	19	20	21	22	23 24	25	26	27	28	29	30 31	32	33	34	35 36 37	38	39	40	41	42	43	44	45	46	47	48	49 50	51	52	53 54 55	56	57
État-major et compagnie hors rang.																																															
Grenadiers ou carabiniers.																																															
1re compagnie.																																															
2e idem.																																															
3e idem.																																															
4e idem.																																															
5e idem.																																															
6e idem.																																															
Voltigeurs.																																															
TOTAUX.																																															
TOTAUX.																																															
Bataillon.																																															
Idem.																																															
Idem.																																															
TOTAUX GÉNÉRAUX.																																															

NOTA. — La compagnie hors rang figure sur le rapport du bataillon qui se trouve avec l'état-major, qui du premier bataillon, lorsque le régiment est réuni. Lorsque le régiment n'occupe qu'une seule garnison, le total de ce que le bataillon est porté sur le rapport et figure la compagnie hors rang. Les officiers, sous-officiers et soldats de l'état-major qui n'appartiennent pas aux bataillons sont portés dans le rapport de la compagnie hors rang.

NUMÉROS		MUTATIONS.	SITUATION DE LA MASSE INDIVIDUELLE.		PUNITIONS.	DEMANDES.
Matricule.	Annuel.		Avoir.	Redû.		

HOMMES MANQUANT A L'APPEL DU SOIR.

NOMBRE D'HOMMES

DE SERVICE.		EN PUNITION.
Officiers.	EN PUNITION.	
MM.	Sergents. . . .	Consignés. . . . .
	Caporaux. . .	A la salle de police. .
	Soldats. . . .	En prison. . . . .
	Tambours. .	Au cachot. . . . .
	Total.	Total. . . . .

A   le   18   L'adjudant de semaine.

NOTA. — Désigner les officiers de service nominativement.

RÉGIMENT D'INFANTERIE

Contrôle de la   *Classe de Recrues*

INSTRUCTEURS

M.   Capitaine à la   Compagnie du   Bataillon.

RECRUES

NUMÉROS		NOMS	DATE	INDICATION	NOTES
du bataillon	de la compagnie	et PRÉNOMS	de l'entrée au Service	des absences et Mutations	sur le zèle et les progrès

Nota. Il est établi un Contrôle pour chaque classe. Lorsque des hommes passent d'une classe à l'autre, ils sont rayés du Contrôle de la classe qu'ils quittent, et ajoutés à la suite du Contrôle de celle dans laquelle ils entrent.

Vu : le Lieutenant-Colonel,   A   le   13

L'Officier-supérieur chargé de l'instruction des recrues,

Modèle M.
(Art. 228.)

RÉGIMENT D'INFANTERIE.

Rapport à remettre le samedi.

Tableau sommaire des Classes de Recrues, au   18

NUM.		NOMBRE D'HOMMES							OBSERVATIONS.
du bataillon.	de la compagnie.	PRÉSENTS.			ABSENTS.			TOTAL.	
		3e classe.	2e classe.	1re classe.	3e classe.	2e classe.	1re classe.		

OBSERVATIONS.

L'effectif au rapport précédent était de..........
Recrues admises..........

        TOTAL...
Admises au bataillon.... }
Rayées des contrôles.... }

L'effectif de ce jour est de.

Nombre d'exerc. de la 3e cl.
Idem............de la 2e cl.
Idem............de la 1re cl.
Nombre de théories pratiq.
  sur le service des places.

La troisième classe a exécuté

La seconde classe a exécuté

La première classe a exécuté

Recrues passant de la 3e
  classe à la 2e..........
Recrues passant de la 2e
  classe à la 1re..........

MUTATIONS
SURVENUES PARMI LES INSTRUC-
TEURS.

DEMANDES ET OBSERVATIONS.

Vu : le Lieutenant-Colonel,   A   le   18

L'Officier supérieur chargé de l'instruction des recrues,

· RÉGIMENT D'INFANTERIE.

Rapport sur l'instruction des Recrues, au 1er   18

NUM.		NOMBRE D'HOMMES							OBSERVATIONS.
du bataillon.	de la compagnie.	PRÉSENTS.			ABSENTS.			TOTAL.	
		3e classe.	2e classe.	1re classe.	3e classe.	2e classe.	1re classe.		

OBSERVATIONS.

L'effectif au 1er du mois précédent était de........
Recrues arrivées........

     TOTAL....
Admises au bataillon......
Rayées des contrôles......

L'effectif de ce jour est de.
Entrés aux hôpitaux pendant le mois..........
Sortis des hôpitaux pendant le mois.............

Nombre d'exerc. de la 1re cl.
Idem..........de la 2e cl.
Idem..........de la 3e cl.
Idem de théories sur le service de place.........
Idem de marches militaires

La 1re classe a exécuté

La 2e classe a exécuté

La 3e classe a exécuté

Recrues passées de la 3e classe à la 2e.........
Idem de la 2e classe à la 1re.

DEMANDES ET OBSERVATIONS.

RAPPORT SUR LES INSTRUCTEURS.

Bataillon.	Compagnie.	Classes.	NOM.	Grade.	Notes sur le zèle et la capacité.

Vu : le Lieutenant-Colonel,   A   le   18

L'Officier supérieur chargé de l'instruction des recrues,

Moulin, P.
(Art. 226.)

Rapport à remettre le 1er de chaque mois.

· RÉGIMENT D'INFANTERIE.

Rapport sur l'instruction des Recrues, au 1er   15

	NOMBRE D'HOMMES							
Nombre de punitions	PRÉSENTS			ABSENTS			Total	
	1re classe	2e classe	3e classe	1re classe	2e classe	3e classe		

OBSERVATIONS.

L'effectif au 1er du mois précédent était de................
Recrues arrivées.............

TOTAL...

Admises au bataillon........
Renvoi des contrats........

L'effectif de ce jour est de...
Entrés aux hôpitaux pen-
dant le mois.................
Sortis des hôpitaux pendant
le mois.....................

Nombre d'écoles de la 1re cl.
faites.......... de la 2e cl.
faites.......... de la 3e cl.
faites de théorie sur le service de place................
Idem de maniement d'armes

La 1re classe a exécuté
La 2e classe a exécuté
La 3e classe a exécuté

Recrues passées de la 3e
classe à la 2e..............
Idem de la 2e à la 1re.......

PROMOTIONS et DÉGRADATIONS.

RAPPORT SUR LES INSTRUCTEURS.

Note sur le zèle et la capacité.	Grade.	Nom.	Grades.	Cap. instruc.	position

Vu : le Lieutenant-Colonel,   7   6   58

L'Officier supérieur chargé de l'instruction des recrues.

5e RÉGIMENT D'INFANTERIE DE LIGNE.

Permission de huit jours, valable jusqu'au trente décembre 1833 inclus.

OFFICIER.

En vertu de l'art. 255 de l'ordonnance du 2 novembre 1833 sur le service intérieur des troupes d'infanterie, le (1) commandant le 5e régiment d'infanterie de ligne, accorde à M. *Isidore Gallien, lieutenant de première classe,* une permission de huit jours, valable jusqu'au 30 décembre 1833 inclus, pour aller à *Saint-Denis, canton de Saint-Denis, département de la Seine.*

Il devra avoir rejoint son poste à l'expiration de la présente permission, qui datera du *vingt-trois décembre 1833.*

M. *Gallien* devra, aussitôt son arrivée dans le lieu où il va en permission, faire viser la présente, savoir : si c'est dans une place de guerre, par le commandant de cette place ; si c'est dans une ville ouverte, un village ou une campagne, par l'officier de la gendarmerie commandant la lieutenance de l'arrondissement où il séjournera ; et si c'est dans le département de la Seine, par le commandant de la place de Paris.

Ce *visa* se fera, soit sur la présentation de la permission, par l'officier lui-même, soit par la transmission qu'il en fera à l'officier commandant la gendarmerie, pour tous les lieux où il n'y aura pas d'état-major de place ; mais dans ceux où il en existera, l'officier porteur de la *présente permission* est tenu de se présenter devant le commandant de la place.

Nul officier ne pourra se dispenser d'exhiber sa *permission* sur la réquisition qui lui en sera faite par la gendarmerie.

A Paris, le 21 décembre 1833.

(Signature du Commandant du régiment.)

Approuvé : le Commandant de la place, à Paris,
le 21 décembre 1833.

Vu le major du corps,

Vu pour partir le vingt-trois déc. 1833,

Le Sous-Intendant militaire,

SIGNALEMENT.

Agé de ans, né le taillé d'un mètre millim., cheveux , sourcils , front , yeux , nez , bouche , menton , visage .

e RÉGIMENT D'INFANTERIE.

Permission de quinze jours, valable jusqu'au trente et un décembre 1833 inclus.

OFFICIERS.

1re DIVISION
MILITAIRE.

1re SUBDIVISION.
e brigade.

Permission demandée à M. le maréchal de camp commandant la subdivision.

Paris, le 14 déc. 1833,
Le Commandant du régiment,

(Signature)

Approuvé la demande de la présente permission,

Paris, le 14 déc. 1833,
Le Commandant de la place,

(Signature.)

NOTA. Le présent modèle servira pour toutes les permissions de 9 à 30 jours inclus. — Lorsque la permission sera de plus de 15 jours, au lieu du maréchal de camp, on indiquera le lieutenant-général.

Les demandes de permission seront toujours soumises à l'approbation du commandant de la place avant d'être adressées aux officiers généraux. — Il ne sera point fait de lettres d'envoi.

En vertu de l'art. 255 de l'ordonnance du 2 novembre 1833, sur le service intérieur des troupes, le maréchal de camp commandant la 1re subdivision de la 1re division militaire, accorde à M. *Jean Béraud, capitaine adjudant-major,* une *permission de quinze jours, valable jusqu'au trente et un décembre 1833 inclus,* pour *aller à Rouen, canton de Rouen, département de la Seine-Inférieure.* Il devra avoir rejoint son poste à l'expiration de la présente permission, qui datera du 17 décembre 1833.

M. *Béraud* devra, aussitôt son arrivée dans le lieu où il va en permission, faire viser la présente, savoir : si c'est dans une place de guerre, par le commandant de cette place ; si c'est dans une ville ouverte, un village ou une campagne, par l'officier de la gendarmerie commandant la lieutenance de l'arrondissement où il séjournera ; et si c'est dans le département de la Seine, par le commandant de la place de Paris.

Ce *visa* se fera, soit par la présentation de la permission par l'officier lui-même, soit par la transmission qu'il en fera à l'officier commandant la gendarmerie, pour tous les lieux où il n'y aura pas d'état-major de place ; mais dans ceux où il en existera, l'officier porteur de la *présente permission* est tenu de se présenter devant le commandant de la place.

Nul officier ne pourra se dispenser d'exhiber *sa permission* sur la réquisition qui lui en sera faite par la gendarmerie.

A Paris, le *seize décembre 1833.*

(Signature du Maréchal de camp.)

Vu pour partir le dix-sept décembre 1833,
Le Sous-Intendant militaire,

SIGNALEMENT.

Âgé de . ans, né le , taille d'un mètre millim., cheveux sourcils , front , yeux nez , bouche , menton visage

Vu : le Major du corps,

5e RÉGIMENT D'INFANTERIE DE LIGNE.

Permission de huit jours, valable jusqu'au vingt-huit décembre 1833 inclus.

SOUS-OFFICIER OU SOLDAT.

EN vertu de l'article 261 de l'ordonnance du 2 novembre 1833, sur le service intérieur des troupes d'infanterie, le (1) commandant le 5e *régiment d'infanterie de ligne*, accorde au sieur *Fuges (François), sergent-major à la quatrième compagnie du premier bataillon dudit régiment*, une permission de huit jours, valable jusqu'au vingt-huit décembre 1833 inclus, pour aller à *Saint-Germain, canton de Saint-Germain, département de Seine-et-Oise.*

Il devra avoir rejoint son poste à l'expiration de la présente permission, qui datera du *vingt-quatre décembre 1833.*

Le porteur sera tenu de faire viser la présente permission par le commandant de la gendarmerie, tant à son arrivée à sa destination, qu'à son départ pour rejoindre le corps.

À Paris, le 20 décembre 1833.

(Signature du Commandant du régiment.)

Approuvé par le *Commandant de la place,*
à Paris, le 20 décembre 1833.

SIGNALEMENT.

Âgé de   ans, né le   , taille d'un mètre   millim., cheveux   , sourcils   , front   , yeux   , nez   , bouche   , menton   , visage   .

Vu : le Major du corps,

Vu pour partir le vingt et un décembre 1833,
le Sous-intendant militaire.

Le décompte de solde du militaire dénommé de l'autre part, lui a été fait jusqu'au   inclus.

Il lui reste à la masse individuelle la somme de

Il est porteur des effets ci-après :

DÉSIGNATION DES EFFETS.	NOMBRE D'EFFETS.	DÉSIGNATION DES EFFETS.	NOMBRE D'EFFETS.

En conséquence du détail ci-dessus, ce militaire n'aura besoin d'aucun secours dans sa route pour aller en permission et en revenir.

Fait à   le   18

Le Commandant de la compagnie,

CERTIFICAT DE VISITE.

Le dénommé d'autre part, n'est atteint ni de maladie vénérienne, ni de maladie cutanée, ni d'aucune autre maladie contagieuse.

A   le   18

Le Chirurgien,

MODÈLE R.
(Art. 261.)

2ᵉ DIVISION
MILITAIRE

—

1ʳᵉ SUBDIVISION,
2ᵉ brigade d'infant.

Permission demandée à M. le maréchal de camp commandant la brigade.

Paris, le 15 déc. 1833,
Le Commandant du régiment,

(Signature.)

Approuvé la demande de la présente permission,

Paris, le 14 déc. 1833,
Le Commandant de la place,

(Signature.)

Nota. Le présent modèle servira pour toutes les permissions de 9 à 30 jours inclus. — Lorsque la permission sera de 15 jours, au lieu du maréchal de camp, on indiquera le lieutenant-général,

Les demandes de permissions seront toujours soumises à l'approbation du commandant de la place avant d'être adressées aux officiers généraux. — Il ne sera point fait de lettre d'envoi.

5ᵉ RÉGIMENT D'INFANTERIE DE LIGNE.

Permission de quinze jours, valable jusqu'au trente et un décembre 1833 inclus.

SOUS-OFFICIER OU SOLDAT.

En vertu de l'art. 262 de l'ordonnance du 2 novembre 1833, sur le service intérieur des troupes d'infanterie, le maréchal de camp commandant la 2ᵉ *brigade d'infanterie* accorde *au sieur Vigou (Jean-Baptiste), sergent à la première compagnie du quatrième bataillon du cinquième régiment d'infanterie de ligne, une permission de quinze jours, valable jusqu'au trente et un décembre 1833 inclus, pour aller à Orléans,* canton d'Orléans, département du Loiret.

Il devra avoir rejoint son poste à l'expiration de sa présente permission, qui datera du *dix-sept décembre 1833.*

Le porteur sera tenu de faire viser la présente permission par le commandant de la gendarmerie, tant à son arrivée à sa destination, qu'à son départ pour rejoindre le corps.

A Paris, le 15 décembre 1833.

(Signature du maréchal de camp.)

SIGNALEMENT.

—

Agé de   ans, né le   , taille d'un mètre   millim., cheveux   , sourcils   , front   , yeux   , nez   , bouche   , menton   , visage   .

Vu : le Major du corps,

Vu pour partir le dix-sept décembre 1833.
Le Sous-Intendant militaire,

5e RÉGIMENT D'INFANTERIE DE LIGNE.

Permission de quinze jours, valable jusqu'en trente et un
décembre 1833 inclus.

SOUS-OFFICIER OU SOLDAT.

En vertu de l'art. 363 de l'ordonnance du 2 novembre 1833, sur le service intérieur des troupes d'infanterie, le maréchal de camp commandant la 2e brigade
d'infanterie accorde au sieur Vigon (Jean-Baptiste), sergent à la première compagnie du quatrième bataillon du cinquième régiment d'infanterie de ligne, une permission de quinze jours, valable jusqu'en trente et un décembre 1833 inclus, pour
aller à Orléans, canton d'Orléans, département du Loiret.

Il devra avoir rejoint son poste à l'expiration de sa présente permission, qui
datera du dix-sept décembre 1833.

Le porteur sera tenu de faire viser la présente permission par le commandant
de la gendarmerie, tant à son arrivée à sa destination, qu'à son départ pour rejoindre le corps.

A Paris, le 15 décembre 1833.

(Signature du maréchal de camp.)

SIGNALEMENT.

Âgé de   ans, né le   taille
d'un mètre   millim., cheveux,
sourcils   , front   , yeux
nez   , bouche   , menton
visage

Vu pour partir le dix-sept décembre 1833.
Le Sous-Intendant militaire,

Vu : le Major du corps.